大雅叢刊

發展的陣痛

兩岸社會問題的比較

蔡文輝 著／三民書局印行

國立中央圖書館出版品預行編目資料

發展的陣痛－－兩岸社會問題的比較／
蔡文輝著. -- 初版. -- 臺北市：三
民，民84
　　　面；　　　公分. -- (大雅叢刊)
參考書目：面
ISBN 957-14-2130-8 (精裝)
ISBN 957-14-2127-8 (平裝)

1.社會-中國-歷史-現代(1900-　)
540.9208　　　　　　　　　　83012374

© 發展的陣痛
　　——兩岸社會問題的比較

著　作　人　蔡文輝
發　行　人　劉振強
產權著作財　三民書局股份有限公司
發　行　所　三民書局股份有限公司
　　　　　　地址／臺北市復興北路三八六號
　　　　　　郵撥／○○○九九九八一五號
印　刷　所　三民書局股份有限公司
門　市　部　復北店／臺北市復興北路三八六號
　　　　　　重南店／臺北市重慶南路一段六十一號
初　版　中華民國八十四年二月
編　號　S 54092
基本定價　伍元叁角叁分
行政院新聞局登記證局版臺業字第○二○○號

有著作權·不准侵害

ISBN 957-14-2127-8 (平裝)

序　言

在人類思想的歷史發展過程中，發展進步的思想一直占有相當重要的份量。社會是在變，人與人之間的關係也在改變。同樣的道理，人與環境的關係也時常地在改變。中國儒家、佛家以及道家的哲學思想雖然主張穩定與秩序，但是思想本身在變。朝代的更替，家族的興衰，天災地變與四季的轉換，以及人的生老病死，無一不是變遷的證明。

變總是要往好的變。很少哲學家或普通人希望越變越亂。因此，自古以來，哲學思想家的進步思想也就成為變遷思想的一大主流，也比悲觀的滅世論較為人們所接受。所謂「今天比昨天好，明天比今天強」正代表著這進步的思想與希望。

自從十七世紀西歐發生的工業革命以來，人們應用工藝技術來克服自然環境的能力大為增加。人們的生活品質也因此大為提高。西方社會在連年不停的戰爭中尋求整合與統一。工業革命在工藝技術層面上提昇了西方社會，也把西方文明推向了領導的地位。國強民富，西方社會文明在短時期內超越了其他的文明。因此，十九世紀盛行的達爾文進化論把進步的西方社會推舉成其他落後國家的典範。要進步就必須學習西方國家的文明。

中國在過去幾千年的歷史裡也曾經有過輝煌的一頁。泰漢的大一統、盛唐的燦爛光輝、宋明的理學哲理，以及清初的擴大版圖等等都是老祖宗的顯著成就，各種各樣的工藝技術的發明與使用都不比西方國家落後（事實上還遠遠超前於當時西方的）。

但是中國這個文明古國在十九世紀末葉已是百病叢生，問題重重。

對內，民不聊生，內亂不停；對外，閉關自守，屢戰屢敗，外債沈重。發展與進步的思想掩蓋不了人民的痛苦。

從十九世紀下半期一直到二十世紀的中葉，一百多年的歷史裡中國人可以說是吃盡了苦頭。有志之士倡行的洋務運動、自強運動、辛亥革命，以及二次大戰的勝利變成了心有餘力不足的口號宣傳。中國不僅並未享受到進步發展，反而造成了一九四九年兩岸的分裂。使原本積弱已久的中國更加脆弱。

從一九五〇年以來，分裂的海峽兩岸皆在摸索中求發展、求進步。海峽兩岸的政府，各搞各的，求脫出困境。大陸採取的是高壓極權的共產社會，臺灣則採市場經濟的類似西方的資本主義方向。四十年來海峽兩岸各有成就。臺灣四十年來的經濟成長是有目共睹的「臺灣奇蹟」，而中國近五、六年來的經濟成長也居開發中國家之首。

但是海峽兩岸的發展也並非一帆風順，毫無問題。大陸這四十年來經歷數次的大風大浪，民心、社會、經濟以及政治都跟傳統中國模式有了顯著的改變。由毛澤東至鄧小平；由早年的「三反五反」運動至一九八九年的「天安門學運」，無數的無辜生命被犧牲掉了，穩定的中國社會幾乎被連根拔起摧毀掉。這本論文集收錄的第一、第二篇是有關中國大陸社會變遷與社會矛盾的描述分析。

臺灣雖然在經濟發展上有著相當成功的奇蹟，但是在經濟衝擊下的臺灣社會也有著顯著的改變，好壞皆有。論文集在這裡收錄的第三、四、五等三篇是探討臺灣社會發展所衍生的問題。至於第六與第七篇則是海峽兩岸的發展的比較。

這七篇論文有些是發表過的，有些則尚未發表過。有些是應學術研討會而撰的，有些則是為學術界朋友所編撰的論文集所寫的章節。不過所有的七篇文章皆是一九八五年以後寫的，在時效上仍然相當地新。

發展進步的目標是提高人民的生活品質，這幾篇論文所提到的問題

正可提醒為政者在推動現代化工作時多為平常百姓著想。綜觀這四十年來海峽兩岸社會的發展，我們不能不承認政治制度及政治領袖具有舉足輕重的角色。雖然這兩個社會在發展的策略上有所不同，發展的後果也不一樣；但是政府的角色都相當的重要。政府不但要負責發展的推廣，政府還要解決發展後所衍生的種種問題：兩岸社會發展的陣痛仍需由兩岸的政府當局來處理。

蔡文輝　序於一九九四年冬

發展的陣痛——兩岸社會問題的比較

目　次

序言

中國大陸之社會變遷

中國大陸之社會變遷

一、傳統中國社會之特質

在人類社會的發展過程裡，希臘、羅馬、埃及、印度、波斯等幾個帝國皆曾經有過其輝煌的歷史，對人類文明也曾有過不少的貢獻。但是跟這些古帝國來比較，中國傳統社會之穩定與持續不斷的悠久歷史卻遠非那些老帝國可比擬。

傳統中國社會之所以能持久不斷的原因，並不在於中國有一個單純的種族，因為除了漢族以外，中國境內居住著數十種不同的種族；也不在於人口的稀少，因為中國人口是世界上最多的國家；更不在於有一個大一統的中央集權政府，因為中國歷史實際上是分裂多於統一。那麼，真正維持這個穩定的局面的原因應該是在傳統中國社會結構與文化的特質上去尋求。

社會學家艾伯華 (Wolfram Eberhard)相信傳統中國是建立在三個基本原則上：（一）可教性 (educability)。傳統中國思想家一直都堅持一種孺子可教也的信念；相信不論人的聰慧愚蠢程度如何，人人皆可受教。這種可教性減少了社會上階級的不平等，再經由科舉制度，人們可經由教育而提高社會地位。（二）不平等性 (inequality)。雖然教育可縮小人與人之間社會地位的不平等，但是艾伯華相信中國思想家自孔孟以來大致上都持有一種人際關係不平等的觀念。孔子的五倫所規範

的正是五對有高低差別的人際關係。父大於子、君強於臣、夫高於妻、兄勝於弟、友儕分高低，皆是前者優勢，後者劣勢的社會關係。儒家為主的中國倫理強調安分。也就是今日社會學家所稱的社會角色的扮演，如果社會裡的每一個成員都對自己所扮演的角色很清楚和安分，人與人之間就可以避免衝突，社會也就會較穩定。(三)捨己精神(relinquishment of freedom)。也就是以團體利益為重。中國思想家一直相信個人必須捨棄部分本身自由以換取團體的生存。特別是在家族的社會互動圈中，個人更必須以家族利益為主。個人重視家族，家族照顧個人，一直是中國傳統社會的特質。❶

除了艾伯華所提出的上述三個原則以外，也許我們可以增加另外一個原則：那就是中國人的循迴觀 (cyclical view)。中國人自古以來皆持這樣一種循迴觀，相信個人的生命、自然的景觀、朝代的更替、家族的興衰，都朝著一系列的循環運轉。這種循迴觀一方面造成了中國人性格上的保守和社會上的穩定，另一方面也培養了中國人較富彈性的為人處世方針，沒有絕對的是非或對錯，因此，雖然傳統中國社會欠缺進取文化，卻也不易全盤摧毀。歷史學家梁漱溟說：

> 百年前底中國社會，如一般所公認是沿秦漢以來，兩千年未曾大變遷過的。我常說它是入於盤旋不進的狀態，已不可能有本質上之變。因此論「百年以前」差不多就等於論「兩千年以來」。❷

這種兩千年來未曾大變的看法多多少少有一種循迴的論點在內。所以傳統中國歷史上的改變可以說是循迴過程裡的局部改革與調適而已。中國

---

❶ Wolfram Eberhard, "On Three Principles in Chinese Social Structure," *Journal of Sociology* (Taita), 6, 1970, pp. 21-23.

❷ 引自金耀基，《從傳統到現代》。臺北：時報文化，民70年，頁46。

傳統是兩千年來累積的結果。

　　根據金耀基先生的看法，傳統中國社會至少有八個顯著的特質。它們包括：（一）傳統取向；（二）農業社會；（三）身分取向與階層取向；（四）神聖底和權威底；（五）以原級團體爲社會主要結構；（六）特殊主義與關係取向底；（七）功能普化底；（八）準開放的二元社會。❸

　　金耀基說：

> 上面我所舉出的八點，當然沒有窮盡古典中國文化的價值系統，
> 但這八點確是中國人所重的，它們都形成了中國人行爲的標準，
> 都有塑造中國人的人格世界的作用。❹

　　傳統中國社會一直是以穩定爲取向，社會制度之創設，行爲模式之倡行因此也以穩定爲目的。幾千年來的未曾大變的局面雖然在十九世紀中葉以後由於受到西潮東漸的壓力而開始有了轉變，但是這些轉變事實上還是沒有危及中國傳統社會的根。廣大的農村仍然走著數千年來老祖宗曾經走過的相同的路。因此，清末民初的變只能說是表面的變而已。

　　歷史上的中國曾經有過異族入主中原的經驗事實，但是根深蒂固的傳統文化還是把異族文化硬是給漢化了，所以異族文化不但沒併吞了中國文化，卻把中國文化給以充實擴散。但是一九四九年中共立國以來，一方面摧毀傳統文化，另一方面卻全盤西化式的引進馬克思的共產主義，造成了中國傳統社會結構根的改變與文化的消逝。雖然毛澤東曾聲稱共產主義可以徹底改造中國，可以使國家再度富強，但是事實並非如此。正如馬嶽和他的一群研究者所說的：

---

❸　同前書，頁47。
❹　同前書，頁58。

中共立國以後，便迅速利用其共產國家的特性 ── 高度集中的政治權力，統一計畫的經濟體制，目標鮮明的發展策略，對社會的高度控制和動員 ── 來嘗試建立一個現代化的中國。但中國……四十年來換了一個又一個的發展策略，然而尚未找出一條真正可令中國富強之路。❺

在本章裡，筆者將就 中共統治下的 中國大陸社會 做一系統性的討論。從人口結構、家庭與婚姻、社會階層與流動、社會運動，以及社會控制的層面來探討這四十年來的中國社會結構與變遷。

二、中國人口的變遷

從歷史的角度來探討，中國歷代的人口自秦漢迄明末一直都維持在五千萬至六千萬左右。根據東漢期間公元二年的初次人口統計，當時中國人口大約在六千萬左右，唐朝中葉（公元七四二年）大約是五千一百萬左右，明初則又回升到六千萬人口，滿清初期也大約維持在六千萬人口左右。中國人口眞正有了顯著的增加是在清朝乾隆時期，根據公元一七四一年的人口資料來看，當時有一萬萬四千三百四十萬左右人口。到乾隆晚期公元一七九三年則已達三萬萬一千三百萬人口。也就是在五十年間中國人口增加了一倍以上。在往後的一百年間中國再增加一萬萬左右而至四萬萬一千三百萬。至於在中共建立政權時的公元一九四九年，當時中國人口也只不過到五萬萬四千三百萬左右。

從歷史的角度來看，中國以往人口的增加和減少反映著社會的繁榮與政治的安定，以及戰亂與饑荒。當社會和政治安定繁榮，人口增加急

❺ 　馬嶽等人，《經濟發展史》，當代中國學會編，＜中國的危機＞。香港：曙光，1990，頁1。

速，特別是滿清初葉，但當國家戰亂頻繁，民不聊生時，特別是五代十國時期，人口曾經劇減。這種因素也促成了中國人口的大遷移。歷史上中國人口第一次的大遷移大致上發生在三國時期，由北而南。第二次的南移發生在五代十國時期，第三次則是南北宋交替之間，第四次是發生在明末清初時期。雖然國民政府時期由於日本侵華戰爭造成了漢人西遷到內地的現象，但是抗日戰爭勝利以後，大多數的人口又東遷回歸舊居，所以戰時人口遷移只能算暫時，而非永久性。至於國民政府遷居臺灣，跟隨人口總數亦不多。❻

圖一將中國歷來人口增加趨勢顯示出來，供讀者參考之用。

中國人口原本就已經相當龐大，但是在一九四九年時的五萬萬多人口在中共統治的四十年間則已增加了整整一倍的人口。根據中共國家統計局的資料，在公元一九八八年底時，中國大陸人口已達到十一億九千六百萬的數目。

大致上來講，中國大陸在公元一九四九年以後的四十年間的增長趨勢可以劃分為四個主要的時期：

第一時期是公元一九四九年至一九五七年間的人口急速增長期。在這時期內，平均每年的出生率大約是千分之三十七左右。一九五七年時中國大陸人口已達到六萬萬四千六百五十三萬。比一九四九年的人口增加了一萬萬人口。這時期人口增加的主要原因是因為中共在建立政權初期，無論在政治上或經濟上皆有顯著的成就。生活水準提高，保健衛生進步，死亡率大為下降，而國家的反家庭計畫政策亦相當明顯。毛澤東的「人多好辦事」思想原則指導了中共初期的人口政策，一些主張節制人口的學者專家都被批判成為反動分子。在這種毫無節制的情形下，中

---

❻　有關中國歷代人口史方面資料，可參閱郭宇權，〈中國人口的壓力——三千年歷史的回顧〉，載於何博傳，《中國的危機》。香港：廣角鏡，1988，頁53-62。

圖一：中國歷代人口增長趨勢

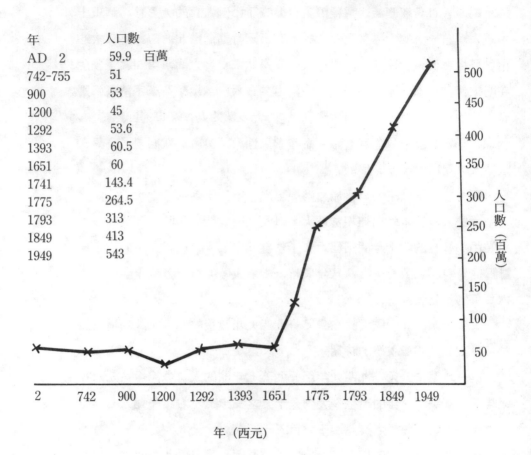

年	人口數
AD 2	59.9　百萬
742-755	51
900	53
1200	45
1292	53.6
1393	60.5
1651	60
1741	143.4
1775	264.5
1793	313
1849	413
1949	543

年（西元）

國大陸人口乃急速增長。

　　從表一的人口統計資料裡，我們可以看到一九四九年至一九五四年之間的粗出生率大約維持在千分之三十七左右，雖然在一九五五及一九五六年曾呈下降的趨勢，但一九五七年則又回昇。而且人口的死亡率卻逐年的減低，從一九四九年的千分之二十逐年下降到一九五七年之千分之十一左右。在這種出生率居高不下，死亡率逐減的情況下，中國大陸在第一時期內的平均自然增加率大致上維持在千分之二十以上。

　　中國大陸人口成長的第二時期應該是一九五八年至一九六一年間的消退減低時期。在這四年內，中國大陸人口減少了約一百三十五萬左右。從一九五八年的六萬萬五千九百九十多萬減低到一九六一年底的六萬萬五千八百五十九萬。如果單是比較一九五九年和一九六〇年的人口數，則整整減少了一千萬人口。雖然出生率的下降是一個原因，但是最重要的應該是死亡率的大量昇高才是原因。造成死亡率提高的主要因素是這期間的天災和人禍。天災主要的有一九五九年廣東省百年未見的暴風雨大水災與一九六〇年西北各省的旱災等嚴重影響了農產品的耕作情況。人禍則是指一九五八年二月一日開始的所謂「大躍進」運動所造成的饑荒。

　　「大躍進」運動，一方面是希望提高農業的生產量，一方面則是大煉鋼鐵。在一份有關中國農村經濟發展的實錄裡，有這樣的一段描述：「為完成今年鋼鐵生產任務，於十月二十日掀起了全民鋼鐵『抗旱』熱潮。縣裡提出了『家家挖潛力，人人獻鋼鐵』的口號，有的單位提出要求：『土裡挖，水裡撈，室內搜，室外找，令廢鐵舊鋼升帳，為鋼鐵生產和大躍進服務』。」❼結果造成勞動力減少，土地荒蕪，耕畜死亡，

---

❼　王耕今等著，《農村三十年》（上、下兩冊）。北京：農村讀物出版社，1989，（上冊）頁165。這本書的副標題是「鳳陽農村社會經濟發展實錄，1949～1983」。

農具殘缺，產量下降，費用上昇，人口的餓、病、荒、逃以及死的現象。「這一年從秋收結束到十二月底止的兩個多月中，農村沒有供應口糧。我們認為，人口發生外流和非正常死亡的主要原因就在這裡。」❽ 社會學家李文朗教授也持類似看法，認為此一時期人口不增加反而減少的主要原因是大躍進運動所造成的。❾

中國大陸人口增長的第三個時期大致上是一九六二年至一九七三年之間的急速增長期。每一年平均增加大約二千萬人口。從表一可以看到一九六二年底的中國大陸人口有六萬萬七千二百九十五萬人左右，到一九七三年則人口數已達八萬萬九千二百十一萬人。這一時期內的出生率又回昇到五〇年代初的高峯，出生率最低時亦有千分之三十左右，而一九六三年可高達千分之四十三點六。相反地，死亡率則呈明顯的下降，由一九六二年的千分之十，降到一九七三年的千分之七的數目。在中共統治大陸這四十年間，這一時期的自然增加率達到頂點。

這第三個時期大致上是中共文化大革命的風暴時期。根據經濟學家的估計，文革期間中共農業和工業生產活動大致上沒有受到太多的影響，經濟成長率亦相當平穩。所以在糧食供應上沒有產生大躍進運動時期的飢荒。但是這一時期的文化大革命對中國大陸人口的影響大致上是在於兩方面。一方面是因為文革所造成的政治危機無法帶動人口節育的措施，人口在無控制下大量增長。另一方面是文革造成了人們的危機感，事業上和政治上的挫折轉而尋求家庭的依靠慰藉，人們把希望放在子女身上，以求解脫。所以，中國大陸人口在文革期間不僅未減，反而急速和大量增長。

---

❽　同前書，頁189。

❾　Wen L. Li, "Policy Implications of Population Dynamics in the PRC," pp. 257-275 in *Mainland China, Politics, Economics, and Reform*, ed., by Y. M. Shaw, Boulder, Colorado: Westview, 1985.

　　中國大陸人口增長的第四時期是從一九七四年以後迄今。從表一的人口資料來看，這時期的出生率已呈穩定的下降，尤其是一九七〇年代下半個五年，這種下降的出生率相當明顯。由於死亡率原本就已呈下降，中國大陸的人口自然增加率比第三時期要低得多。不過，一九八〇年代初期與晚期，則在出生率和自然增加率上皆曾呈現輕微的回轉上昇現象。

　　一九七〇年代初期，中共為了應付人口的壓力，曾經提倡過「晚、稀、少」的人口政策。「晚」是指晚婚，大致上晚婚年齡規定農村婦女要二十三週歲，男的二十五週歲，城鎮結婚年齡則略高於農村。「稀」是指兩胎之間的間隔要稀，大約間隔四年以上。「少」則是要生著少，一對夫婦最好生育一個孩子，不得超過兩個為標準。

　　但是「晚、稀、少」的政策是一種消極性的人口控制策略，雖然把出生率和增長率減緩了，但中國大陸人口仍然是繼續以平均一年增加一千萬人口的數目增加。因此，在一九八〇年代開始，中共推行「一胎化」政策。中共的十一屆三中全會指示黨員認真貫徹中共中央「關於控制我國人口增長問題致全體共產黨員、共青團員的公開信」裡的指示及中共國務院「關於進一步做好計畫生育工作的指示」的精神，把工作重點由「晚、稀、少」轉移到普遍提倡一對夫婦只生育一個孩子，堅決杜絕多胎的工作。各級黨委、人大常委會和政府，都把計畫生育視為關係四化運動的成敗。❿

　　以浙江省為例，省人大常委會在一九八二年三月頒發了「浙江省計

---

❿　有關中國人口政策發展過程，可參閱孫敬之主編的《中國人口》叢書。北京：中國財政經濟出版社，1988。Qian, Xinzhong, "China's Population Policy: Theory and Methods," *Studies in Family Planning,* No. 14, 1984, pp. 295-310. Chen Muhua, "Birth Planning in China," *International Family Planning Perspectives* (5:3), 1979, pp. 92-101.

畫生育條例（試行草案）」規定：「大力提倡和推行晚婚晚育，按法定婚齡，推遲三年以上結婚爲晚婚，婦女二十四歲以後生育爲晚育。國家幹部、職工和城鎮居民一對夫婦只生一個孩子。有下列特殊情形之一，可以安排生育第二個孩子，生育間隔至少四年：(1)第一個孩子爲非遺傳性殘疾，不能成爲正常勞動力的；(2)再婚夫婦一方未曾生育，另一方只生過一個孩子，又不在身邊的；(3)婚後長期不育，已領養一個孩子，而後懷孕生育的。農村普遍提倡一對夫婦只生育一個孩子，嚴格控制兩個孩子，對確有某些實際困難，要求生二胎的夫婦，經批准後，可有計畫安排生第二個孩子，但不論那種情況都不能生第三個孩子。」**⑪**

其他省市遵行中共中央的指令，大致上和浙江省的規定類似。雖然規定上仍可通融准有第二個小孩，但因爲地方幹部爲爭求績效，嚴格達到上面所給小孩名額，因此除了少數有權勢者能搞關係而生第二個小孩以外，大多數家庭，絕無可能。

中共是希望藉「一胎化」這劑猛藥把人口的增長控制下來。按照中共的「七五」計畫草案規定，到一九九〇年末，大陸人口總數希望能控制在十一億一千三百萬以內，人口自然增長率平均每年在千分之十二點四左右。**⑫** 雖然如此，中國大陸在一九八九年的超生嬰兒仍達九百萬之多，而一九九〇年更增加到九百五十萬。這種十一億的人口，對任何一個國家都是一個無比沈重的承擔。中國大陸雖然資源豐富，地大物博，但是可耕農地面積太少，再加上人爲因素的干擾，自滿清中葉以來，糧食的供應、饑荒的防範一直是社會上最嚴重的問題。在中共建立政權以來的這四十年間，饑荒的歷史悲劇似乎又重演在中國人的日子裡。中共最近一直把中國這四十年來的落後歸罪於人口壓力的沈重，事實上也不能

---

⑪ 王嗣均主編，《中國人口》（浙江分冊）。北京：中國財政經濟出版社，1988，頁3793-80。

⑫ 《國際日報》，1986年4月3日，頁13及《世界日報》美洲版，1991年5月21日，頁13。

說完全沒有道理。但是中共人口政策的無當其實才是眞正的禍首。早期的放縱造成人口急速的增加，給社會帶來壓力，而近期的一胎化緊縮政策卻造出了無數的家庭悲劇。

一胎化人口政策在壓抑人口增長上似乎效果並沒有預期的那麼好，根據中共計畫生育委員會主任彭佩云的報告：至一九九〇年底，中國大陸人口已超過十一億四千萬，而「八五」計畫期間（一九九一年至一九九五年間），預計每年仍將增長一千六百萬人左右。⓭

表一將中國大陸從一九四九年至一九八八年底的人口增加趨勢列出供讀者參考。

一胎化政策同時也產生了一些反效果。最嚴重的莫過於女嬰的命運。傳統中國社會一直是重男輕女，宗族香火的延續一直是男性的責任，「不孝有三，無後爲大。」所指的「無後」事實上就是沒有生兒子。雖然中共統治下一直以打破傳統爲工作目標，但是重男輕女的生育觀卻是根深蒂固，未受改變。在一胎化的嚴格控制下，女嬰的悲慘命運可想而知。根據一項中國大陸出生嬰兒的性比例的分析，一九五三年的男女嬰性別比例是 104.9，一九六四年是 103.8，這兩年是在一胎化之前，出生嬰兒性別比例相當正常，因爲正常的男女嬰性比例通常是在 105 左右，也就是說每100個女嬰的出生，大約相對的出生男嬰是105。但是在一胎化之後的一九八二年男女嬰性比例已增至 107.5，一九八七年更高至 110.5，到一九九〇年是 111.3，可見男女嬰性比例在一胎化政策

⓭ 《世界日報》，1991年9月27日，頁8。至於有關中國大陸一胎化人口政策的學者評論，可參考 A. John Jowett, "Mainland China: A National One-Child Program Does Not Exist," *Issues & Studies* (25:9), Sept., 1989, pp. 48-67 及同雜誌(25:10)，頁24-40。本文分兩期刊登。以及 John Bongaarts and Susan Greenhalgh, "An Alternative to the One-Child Policy in China," *Population and Development Review*, (11:4), 1985, pp. 585-617.

表一：中國大陸人口 (1949～1988年)

	年	總 人 口 （單位：千人）	出 生 率	死 亡 率	自然增加率
第 一 時 期	1949	541,670	36	20	16
	1950	551,960	37	18	19
	1951	563,000	37.8	17.8	20
	1952	574,820	37	17	20
	1953	587,960	37	14	23
	1954	602,660	38	13.2	24.8
	1955	614,650	32.6	12.3	20.3
	1956	628,280	31.9	11.4	20.5
	1957	646,530	34	10.8	23.2
第 二 時 期	1958	659,940	29.2	12	17.2
	1959	672,070	24.8	14.6	10.2
	1960	662,070	20.9	25.4	−4.5
	1961	658,590	18	14.2	3.8
第 三 時 期	1962	672,950	37	10	27
	1963	691,720	43.4	10	33.4
	1964	704,990	39.1	11.5	27.6
	1965	725,380	37.9	9.5	28.4
	1966	745,420	35.1	8.8	26.3
	1967	763,680	34	8.4	25.6
	1968	785,340	35.6	8.2	27.4
	1969	806,710	34.1	8	26.1
	1970	829,920	33.4	7.6	25.8
	1971	852,290	30.7	7.3	23.4
	1972	871,770	29.8	7.6	22.2
	1973	892,110	27.9	7	20.9
第 四 時 期	1974	908,590	24.8	7.3	17.5
	1975	924,200	23	7.3	15.7
	1976	937,170	19.9	7.3	12.6
	1977	949,740	18.9	6.9	12
	1978	962,590	18.3	6.3	12
	1979	975,420	17.9	6.2	11.7
	1980	987,050	17	6.3	10.7
	1981	1,000,720	20.9	6.4	14.5
	1982	1,015,900	21.1	6.6	14.5
	1983	1,027,640	18.2	6.9	11.3
	1984	1,038,760	17.5	6.7	10.8
	1985	1,050,440	17.8	6.6	11.2
	1986	1,065,290	20.8	6.7	14.1
	1987	1,080,730	21	6.7	14.3
	1988	1,096,140	20.8	6.6	14.2

(Source: Beijing Review Press, *Changes and Development in China, 1949～1989,* Beijing: Beijing Review Press, 1990, pp. 96-97. State Statistical Bureau, PRC, *Statistical Yearbook of China, 1984.* Hong Kong: Economic Information & Agency, 1984.)

下不正常的現象。這種男嬰偏多的現象，可能是生女嬰者家庭盡力包藏不報出生證明，但更可能的是用棄嬰或溺嬰的方式處理。有些統計學者估計自一九八二年以來，被殺或拋棄的女嬰數目應有百萬以上。⓮

另外的一些問題還包括獨生子女（特別是男嬰）過分溺愛的放縱心理問題⓯及日漸增多卻沒人扶養的老年問題。⓰除此之外，住房的缺乏，教育的問題都將是必須解決的問題。⓱

總而言之，中國大陸在這四十年中人口增加了一倍以上，雖然近年來中共以一胎化嚴加控制，但是這龐大的人口仍將是中共的負擔。尤其近年來在經濟開放的口號中，農村人口大量外流，造成都市和東南各省嚴重的「盲流」人口，對中國大陸的治安和失業問題都是警號。另外，少數民族人口的增加，也值得注意。而且少數民族只占全國總人口的6％，卻散居60％的土地總面積，如何安撫亦將是大傷腦筋的問題。

三、中國家庭的變遷

對中國人來講，家庭是中國人的一切。傳統中國社會的穩定是建立

⓮　曾馳遠，＜數百萬女嬰到那裡去了？＞，《中央日報》（海外版），1991年7月17日，頁2。

⓯　Howard G. Chua-Eoan, "Bringing Up Baby, One by One," *Time,* Dec. 7, 1987, p. 38.

⓰　參考 Wen-hui Tsai, "Elderly Welfare in China and Taiwan," *American Asian Review,* (7:2), Summer, 1989, pp. 27-54. D. Davis-Friedmann, *Lang Lives.* Cambridge, M.A.: Harvard University Press, 1983. J. Liang, "Aging in the PRC," in *Chinese Perspectives on Aging in the PRC,* eds., by J. Liang, C. Chen. Tampa, FL.: International Exchange Center on Gerontology, 1985.

⓱　參考：楓林，＜大陸「房事」問題多＞，《少年中國晨報》，1988年9月14日，頁8及蒲叔華，＜困擾十億民眾的住房問題＞，《中央月刊》，(20:11), 1987，頁123-125。

在傳統家庭的基礎上。 在儒家思想的影響下， 中國傳統家庭是男尊女卑， 父權父系的大家庭。雖然近年來有學者以家庭人口數來證明歷代家庭人口數平均大約在四至五人之間， 不構成大家庭的條件， ⑱ 但是人口的少並不代表家庭內代數的少，一家四口可能代表三代同堂，這在高死亡率的古中國應不是不可能的。無論如何，傳統中國人仍然是以「五代同堂」爲理想家庭， 而社會上的人際關係， 無一不以家庭關係爲出發點。如果說，中國倫理是家的倫理，並不過分誇張。⑲

當中共在中國大陸建立政權以後，在打倒傳統、破舊的口號下，代表傳統的中國家庭制度首當其衝，成爲改革的最大目標。馬列主義所主張的消滅私有財產和提高階級鬥爭，實際上與中國傳統家庭制度相對立。因此，毛澤東說：「家庭是原始共產主義後期產生的，將來要消滅，有始有終。」⑳ 中共思想認爲「家庭是社會的細胞，它從來就和社會的經濟基礎、上層建築緊密地聯繫著，不同階級對立有不同的要求，社會上的兩個階級、兩條道路、兩條路線的鬥爭，無時無刻不在家庭中反映出來……舊式家庭遺留下來的封建家長制的殘餘以及舊思想、舊風俗、舊習慣的影響，並不是短期內可以消除的。有的家庭甚至成了私字的防空洞、修字的避風港、四舊的溫床。因此，要求每一個家庭要用毛澤東思想沖刷舊式家庭遺留下來的意識形態。」㉑

中共對舊式傳統家庭與婚姻的改革大致上是依據其在一九五〇年四月頒布的「中華人民共和國婚姻法」。這婚姻法開宗明義第一章就聲明：「廢除包辦強迫、男尊女卑、漠視子女利益的封建主義婚姻制度，實行

---

⑱ 引自王章陵，《中國大陸的社會變遷 》。臺北：黎明出版社， 1978，頁70。

⑲ 同前書，頁71。

⑳ 中華全國婦女聯合會編，《 中國婦女運動重要文獻 》。北京：人民出版社，1979，頁199。

㉑ 同前書，頁204。

男女婚姻自由、一夫一妻、男女權利平等，保護婦女和子女合法利益的新民主主義婚姻制度。」（第一條）「禁止重婚、納妾、禁止童養媳。禁止干涉寡婦舊婚姻自由。禁止任何人借婚姻關係問題索取財物。」（第二條）婚姻法規定法定婚姻年齡為男二十歲，女十八歲，並禁止直系親屬通婚，也不允許有嚴重生理或心理殘障者結婚。夫妻平等、父母對子女有養育的義務，而子女對父母也負扶養的責任，保護非婚生子女權利，離婚的自由與財產的分配方法等。這婚姻法並允許少數民族聚居地區變通實行。❷

中共中央委員會在一九五二年的「關於保證執行婚姻法給全黨的通知」上說：「我全體黨員應一致擁護與遵守這一婚姻法。正確地實行婚姻法，不僅將使中國男女群眾 —— 尤其是婦女群眾，從幾千年野蠻落後的舊婚姻制度下解放出來，而且可以建立新的婚姻制度、新的家庭關係、新的社會生活和新的社會道德。」❸

從婚姻法的法律條文來看，中共領導者思想開明前進，把傳統男尊女卑的舊家庭解放出來。但是其實不然。中共是要把中國社會由家庭中心移交到中國共產黨手上。家庭雖然仍受法律上的保護，但實際上已逐漸被貶為單純的經濟生產單位。❹一九五四年以後的農業生產合作社，一九五八年的大躍進運動和人民公社的組成，以及一九六五年至一九七五年間的「十年文革」對中國家庭組織和制度都產生了相當嚴重的負面影響。

大躍進運動帶來了嚴重的饑荒和高數目的人口死亡，而人民公社則

---

❷　同前書，頁199-203。

❸　同前書，頁204。

❹　參考 M. J. Meijer, *Marriage Law and Policy in the People's Republic of China.* Hong Kong: Hong Kong University Press, 1971, pp. 266-268。

要求「組織軍隊化、生活集體化、行動戰鬥化、家務勞動社會化。」王
章陵描述：

> 一個家庭，有勞動力的人進生產隊，小孩進托兒所，年老的進敬
> 老院，大家不在一起工作，不在一起吃飯，不在一起住宿，個人
> 生活不在家庭而在集體，個人行動不是聽令於家長，而是聽命於
> 黨組織及黨所領導的行政幹部，即官僚階級。很明顯，這就是對
> 中國傳統家庭制度的破壞。㉕

一群中國大陸學者批評公社制度時說：

> 社、隊普遍建立公共食堂、托兒所、敬老院、縫紉組等，以為這
> 樣就解放了婦女，節約了勞力，可以使家務勞動化，還可以培養
> 集體主義、共產主義精神。實際上，在沒有雄厚經濟力量和管理
> 水平落後的條件下，這種社會化必然造到生產「大呼隆」，乾活
> 磨洋工，吃飯一窩蜂的混亂局面，導致人力、物力、財力的巨大
> 浪費，給群眾生活帶來更多的不便，因而遭到群眾的普遍反對。㉖

　　餓死、硬被逼死的、工作疲勞過度死亡、老幼無人照顧而死的，到
處可見。一些地區規定人死後「四不准」：一不准淺埋，要深埋三尺，
上面種上莊稼；二不准哭；三不准埋在路旁；四不准戴孝。更惡劣的是
黃灣公社張灣小隊規定死了人不准戴白布，叫人披紅。㉗ 有的公社還規

㉕　王章陵，前引書，頁70。
㉖　翟作君、劉德軍、朱敏彥編，《共和國四十年大事述評》。北京：檔案出
　　版社，1989，頁117。
㉗　王耕今，前引書，頁94。

定，埋人要交稅，每埋一個人要交二斤酒，一隻老母雞。幹部還把死人的棉被和衣服剝光拿回家。㉘

　　大躍進的錯誤政策造成了中國大陸的饑荒，人口死亡千萬以上。一九六五年開始的文化大革命雖然沒有大量的死亡人口，但是中國社會傳統結構之所受到的破壞程度與知識分子之受折磨，卻是空前的大浩刼。㉙文化大革命的主角紅衞兵的「破舊立新一百例」就列出要使家庭婦女革命化；不准僱用媬姆；家長一律不准用資產階級思想教育孩子；廢除封建家長制、不許打罵孩子，一律用毛澤東思想教育孩子；結婚不許要彩禮，不得舖張浪費，要提倡新風俗、新習慣等等針對傳統中國家習俗的規定。㉚汪學文在其所著的《中共文化大革命史論》裡引述莫斯科電臺說：「（紅衞兵）他們無惡不作，甚至能在孩子面前打死父母，在父母面前打死孩子，根本失去了人性，不僅男青年如此，有些女青年也變得非常殘忍。」對於民眾的婚喪喜慶，紅衞兵亦嚴加限制。廣州市的紅衞兵在其「大字報」上規定，人死之後要做到三不，即不許哭、不許祭、不許買棺材。當天死，當天燒。紅衞兵任意闖進民宅、搶刼財物、姦淫良家婦女、覇佔民房等等事件更是層出不窮。據紅衞兵宣布的戰果，到一九六六年底前，就有一萬六千六百二十三人被捕，由城市被放逐的人數高達四十餘萬。㉛

　　紅衞兵的胡鬧摧毀了不少傳統中國的文化，把數千年來的文化遺產嚴重破壞。但是紅衞兵只是被利用的工具而已，中共中央的政策才是始作俑者。中共把成千上萬的知識青年下放，把夫妻強迫分散，而扣帽子

㉘　同前書，頁94-95。
㉙　翟作君、劉德軍、朱敏彥編，前引書，頁195-272。
㉚　汪學文，《中共文化大革命史論》。臺北：國立政治大學國際關係研究所，1989，頁173-180。
㉛　同前書，頁186。

的手段更使得家庭裡的每一個人都人人自危，親情喪失。鄭念（Cheng
Nien）在她寫的英文版回憶錄《上海之生與死》（*The Life and
Death in Shanghai*）裡有這樣的一段描述：

> 中國的無數年輕人都遠離家門到全國各地工作，他們離家數千
> 里，夫妻之間一年之間也只能有短期的婚假。孩子們在無父的環
> 境裡成長，而婦女們則面對著工作與養家的雙重困難。㉜

北大的一位葉姓女教員的回憶錄裡也提到夫妻分離的痛苦、女兒的下放
黑龍江九年的憂慮。中共時左時右搖擺不定的政策，搞得許多人家破人
亡，分散四地，夫妻的感情疏遠了，而兒女視父母為階級敵人。㉝

中共統治大陸的四十年裡，夫妻分居的現象相當普遍。根據估計，
目前仍有六百多萬對夫妻分居兩地。從五十年代的「反右鬥爭」到六十
年代的「文化大革命」逼得不少人拋家棄子，上山下鄉，或甚至於流放
邊疆。估計這四十年來，中國大陸有七千萬人以上有過這種經驗。㉞ 政
治因素因此是造成中國大陸四十年來夫妻分居兩地的最大原因。再加上
中共對戶口的流動管制嚴格，有一部分人由鄉村調到城市，可是配偶的
戶口卻報不進城市，而致夫妻分居。另外，由於城市裡住宅房屋的不夠
分配，有些夫妻婚後數年，仍然配不到房子，只好分居等待機會。根據
北平出版的《經濟參考》統計，中共每年要為這些分居兩地的夫妻支出
人民幣二十三億元，「其中包括每對夫妻每年一次的探親，每次平均支
出旅費一百二十元；少創造產值二百元，但仍要支出工資七十元。」㉟

㉜ Cheng Nien, *The Life and Death in Shanghai*. N.Y.: Grove
Press, 1986.

㉝ Yue, Daiyun & Carolyn Wakeman, *To the Storm*. Berkeley:
University of California Press, 1985.

㉞ 蒲叔華，〈中國大陸的婚姻與政治〉，《海外》539期，1986，頁17-19。

㉟ 同前書，頁17。

上海市最近出現所謂「鴛鴦樓」以供「大齡青年」（即年近三十或超過者）想結婚，又沒能力買房子的人的臨時住所。所以也稱「結婚周轉樓」❸❻。這種夫妻長期分居兩地的結果是中國大陸近年來離婚率增加的原因之一。

中共為了應付鄧小平的開放改革政策與配合近年來推動的四化運動，在一九八五年頒布了新的婚姻法。舊的婚姻法共有八章二十七條，新婚姻法則有五章三十七條，比原婚姻法增加了十條。其修改補充的主要內容包括：

（一）新婚姻法增加了保護老人的合法權益，實行計畫生育的規定。

（二）新婚姻法把結婚的法定年齡由原來的男二十歲，女十八歲提高到男二十二週歲，女二十週歲；明確規定三代以內的旁系血親禁止結婚，增加了男方在結婚後也可成女方家庭成員的新規定。

（三）在第三章家庭關係部分，加強了對家庭關係的調整，對家庭成員的權利義務方面的規定更為具體。如對夫妻和父母子女關係中，規定夫妻「一方不履行撫養義務時，需要撫養的一方，有要求對方付給撫養費的權利」；「未成年子女有要求父母付給撫養費的權利」；「無勞動能力的或生活困難的父母，有要求子女給付贍養費的權利」；「父母有管教和保護未成年子女的權利和義務。」而且還規定「有負擔能力的兄、姊，對於父母已經死亡或父母無撫養能力的未成年的弟、妹，有撫養的義務。」

（四）在第四章的離婚部分中詳細明確規定離婚的手續和程序。例如：關於現役軍人離婚的特殊保障；規定「女方在懷孕期間和分娩後一年內，男方不得提出離婚的要求」；並對包辦、買賣婚姻所引起的糾紛

---

❸❻　《世界日報》，1986年6月6日，頁13。

加以確定處理的原則；對因生女孩或第三者介入而引起的離婚糾紛也有所規定。至於離婚後財產和子女的處理也加以確定。

（五）新婚姻法對保證婚姻法的實施問題，也較舊婚姻法做了更詳盡的規定。違反者給予行政處分或法律制裁等的規定。

按照中共學者朱華澤的看法：

> 經修改後的婚姻法，不僅把「建國」以來在婚姻家庭制度中所取得的偉大變革的成果，用法律形式肯定下來，而且正確反映了我國經濟、政治狀況的變化，並適應四化建設的需要，豐富和發展了我國婚姻立法的內容，使我們有了一部在新形勢下更為完善的調整婚姻家庭關係的法律，並成為我國在新的歷史時期中調整婚姻家庭關係的基本準則。❸⓻

中國大陸經過這四十年來的控制，舊的制度和行為方式很難拋棄。雖然新婚姻法比以前開明多了，對婦女、老人以及小孩的保障也明文規定處理。但是法律是死的，無法適應社會的變遷，更何況中共的人為政治往往隨意曲解法律條文。因此，討論中國大陸目前的家庭就不能僅依據新婚姻法來推斷。

從民國初年，中國年輕人就反對父母之命、媒妁之言的安排式婚姻，中共的婚姻法也禁止這種婚姻，但是根據一項一九八六年的調查發現仍有15％是「包辦婚姻」。所謂「包辦婚姻」是指不顧男女雙方當事人的意志，由雙方家長包辦的婚姻。55％是半自由婚姻，亦即雙方家長安排，但經男女雙方的同意。真正由當事人雙方自由安排的自由婚姻則只有30％。❸⓼造成「包辦婚姻」和「半自由婚姻」占多數的原因之一是

---

❸⓻　朱華澤，《婚姻法基本知識》。北京：教育科學出版社，1986，頁11。

❸⓼　《國際日報》，1986年2月4日，頁15。

由於父母想爲子女早一點找妥配偶。中共官方的《中國日報》在報導農村早婚的消息裡說:「在鄉村裡,因爲父母擔心兒女將來不容易找到『好』對象, 因此急爲兒女找定終身伴侶。」③⑨ 該報說, 在河北省石家莊年齡十二至十七歲的二千一百六十人之中, 80%, 也就是一千七百四十四人已訂了婚。這種早婚的情形多半是由父母安排, 而且往往牽涉到金錢買賣的交易行爲。④⓪

另外一個近幾年來愈演愈烈的問題是結婚費用的提高。根據大陸各地的報導, 這問題不僅在城市如此, 在鄉下亦然。廣州《南方日報》透露, 在大陸上的青年男女往往因彩禮過昂, 被迫延期或打消結婚計畫。結婚時又講究排場, 酒席費少則千元, 貴者上萬, 聘禮和嫁粧更是由自行車、衣車、手錶以及收音機轉移到金戒指、頸鏈、錄音機、彩色電視機等高價位家庭電器。④① 根據中國消費者協會和共青團中央在一九八六年的調查, 城市平均結婚費用已上昇到五千多元。這個對二十個城市進行的問卷調查發現, 一九八一年至一九八二年平均結婚費用是三千六百十九元, 一九八五年至一九八六年則已昇至五千零六十九元。青年結婚費用一半由父母資助, 40%由男女青年負擔, 10%則是親友的贈禮。④② 這種昂貴的結婚費用, 在近年來由於物價的上漲及人心虛榮指使, 相信已更高漲。

旣然結婚費用這麼昂貴, 中國大陸青年擇偶的條件在近幾年來亦逐漸地在改變中。在五十年代初期,土地改革造成農民大翻身,分田分屋,貧下中農成分好, 爲了劃清階級路線, 他們的子女很容易選擇對象。相反地, 地主富農成分差, 其子女的婚嫁事, 往往很少人家敢與攀親。同

③⑨ 《世界日報》, 1986年11月19日, 頁18。
④⓪ 同上, 頁18。
④① 《世界日報》, 1986年 2 月22日, 頁13。
④② 《國際日報》, 1987年 1 月13日, 頁 4 。

一時期，軍人也是擇偶的理想對象。在一九五四年至反右之前，因爲學校教師有國家糧可分配，也就成爲擇偶的理想對象，但在一九五七年反右之後，及在文化大革命期間，知識分子被冠以「臭老九」的封號，男女教師尋找對象相當困難，未成家的高齡教師，比比皆是。近幾年來，由於經濟的開放，百萬元戶的出現，再加上人們的虛榮心，「政治背景」不再受重視，經濟條件才是吸引人處。

中國大陸的婦女地位雖然在舊的婚姻法與新婚姻法裡都有明確的保障，但是傳統的男尊女卑的觀念仍然存在。雖然中國大陸婦女地位的統計資料相當缺乏，難以給我們一個系統性的瞭解和分析。但是一個最近一九九〇年的全國性調查也許可以提出來供參考。根據這項由「全國婦聯」歷經一年所完成，對大陸三十省中的二十一省隨機抽樣了四萬一千多人的調查報告所指出：中共「建國」四十多年來，女人的社會地位，只比以往稍微提高了些。她們賺的錢比母親的一代要多，但仍比男人少。調查發現：城鎮男性在業者人平均月入是一百九十一元人民幣，女性則僅收入一百五十六元。因此，女性平均月收入大約是男性收入的81.68％左右。[43]

中國大陸婦女地位的高低亦往往受到政治因素的影響。一胎化政策把生男不生女的傳統習俗問題明朗化。婦女在家的地位往往取決於是否生男而定。在財產的繼承上也是兒子比女兒多，就業和教育的機會也不是完全平等。[44]

根據中共的新舊婚姻法，男女雙方皆有要求離婚的自由。傳統社會

---

[43] 《世界日報》，1991年9月20日，頁22。

[44] 有關中國大陸婦女地位之討論，可參考 Dusko Doder, "The Old Sexism in the New China," *U.S. News & World Report*, April 24, 1989, pp. 36-38. Elizabeth Croll, *Feminism and Socialism in China.* London: Routledge & Kegan Poul, 1978, 及 *Chinese Women Since Mao.* N.Y.: N.E. Sharpe, 1983.

裡，中國婦女是要遵守在家從父，出嫁從夫的倫理要求，而且也被要求
「嫁雞隨雞，嫁狗隨狗」及「好女不嫁二夫」。傳統中國的「七出」更
是對婦女的壓榨和不平等待遇。中共認爲資本主義社會雖然提倡男女平
等和自由離婚的概念，但是由於婦女經濟上無保障。因此，要離婚談何
容易。相反地，在中國共產主義制度裡，

> 社會主義制度爲實行離婚自由提供了物質條件。社會主義公有制
> 的建立和社會經濟的發生，廣大婦女廣泛地參加社會生產勞動，
> 已使婦女擺脫了過去家庭奴隸的地位。婦女在經濟上的平等地位
> 帶來了家庭地位的平等，從而爲婦女行使離婚自由的權利奠定了
> 物質基礎，從根本上保障了離婚自由權利的實現。❹

　　雖然如此，在中共統治下的社會裡，要求離婚仍然不是一件容易的
事，尤其在一九七五年以前，父母之命、媒妁之言的婚姻仍然占絕大部
分，結婚和離婚就非當事人雙方就可以自做主張的。再加上，中共嚴格
控制居民的遷移，一個離婚後的婦女仍然必須居留原地，受到鄉人的責
難和歧視是可以想像得到的。因此，離婚可以說少而又少。

　　但是自從一九七五年的改革以來，人民流動率增加，年輕人自擇配
偶的比例也在提高。再加上，生育子女人數的減少，離婚案件在中國大
陸有逐年增加的趨勢。雖然中共的統計資料並不很完整，一份一九八八
年的社會統計資料上指出，一九七八年大約有十七萬對離婚者，但至一
九八八年時則已高至六十五萬對。也就是說，離婚對數在這十年間增加
了四倍以上。再從離婚率來看，一九七九年每一千人當中的離婚者大約
是 0.66，至一九八八年則是 1.1 左右。雖然這個比例跟其他國家來比

---

❹　朱華澤，前引書，頁79-80。

仍然算低，但是十年來離婚率增高的趨勢是一種明顯的事實。如果從再婚者數目來看，則一九七八年的再婚對數是二萬對，到一九八四則高達五萬對，不過一九八五年則又減低到三萬三千對。數目雖然在增加，但若與離婚對數來比較，則再婚對數未免太少，可見在中國大陸離婚者後再婚的機會仍然不多。表二所列數字可供參考。❹

表二：中國大陸婚姻狀況（1978～1988年）

年	結　婚　率[1]	離　婚　率[2]	再　婚　數[3]
1978	12.51	—	20
1979	13.07	0.66	32
1980	14.61	0.7	31
1981	20.87	0.78	33
1982	16.48	0.85	48
1983	14.88	0.82	50
1984	15.12	0.33	50
1985	15.94	0.84	33
1988	—	1.1	—

1.結婚率＝每千人中結婚人數。
2.離婚率＝每千人離婚數。
3.再婚人數：單位千人。

（資料來源：*China Statistics Abstract, 1988.* p. 22）

　　在前面，我們曾經提過，中國大陸離婚率的提高，多少是跟日益減少的家庭人數有關。一方面是核心家庭的日漸普遍，另一方面則是出生小孩人數的減少。因此，做出離婚的決定比以往單純多了。根據中共統計資料，一九八二年時，平均每戶人數全國是四個半人左右，即 4.54 人，在城市每戶平均只有 4.24 人，在鄉村則稍微高些，有 4.62 人。如果仔細分析，如表三所列，每戶平均以三至五人占最多數；有未婚子

---

❹　William Liu, ed., *China Social Statistics, 1988.* N.Y.: Praeger, 1989, p. 22. 這本書是華裔學者劉融教授依據中共國家統計局之統計資料編纂的統計年鑑的一部分。

女的兩代家庭最多。可見中國大陸是朝小家庭的方向走。近年來的一胎
化運動更使小家庭化更普遍。

表三：中國大陸每戶人數 (1982年)

每　戶　人　數	百　分　比
1 人	7.97%
2 人	10.08%
3 人	16.04%
4 人	19.54%
5 人	18.35%
6 人	13.11%
7 人	7.95%
8 人以上	6.94%

(資料來源: *China Statistics Abstract, 1988*, p. 24.)

　　小家庭和核心家庭的普遍的另外一個可能的後果是老人扶養無人的
問題。根據中共的資料顯示，一九八五年時中國大陸人口的生命餘歲數
是平均 68.9 歲，卽將近六十九歲，其中男的有六十七歲，女的則爲七
十一歲。該年人口中，六十五歲以上人口約占 8.2%，比一九五三年時
增加了將近一倍。[47]不過另外一項聯合國國際經濟社會事務處所做的估
計，中國大陸在公元二〇二五年時，六十五歲以上老人人口將佔總人
口的 18.5%，人口年齡中數亦高昇到 38.4 歲。可見老年人口增加對
中共未來的可能壓力。中共雖然以「頂替」方式來安排子女職業以保
證老年人生活的問題，由子女來奉養，但是由於家庭人口的減少，職
業流動率的增加，子女是否能奉養，是否願意奉養都是問題。至於中

---

[47]　同前書，頁19。

共所實施提倡的「五保」戶，是否能推廣到所有的老人，亦是一個未知數。⑲

中共自建立政權以來，一直把家庭視爲傳統中國落後的主要原因。因此，在過去這四十年來，家庭經歷了不少的摧殘。大躍進、反右運動、文化大革命、一胎化運動等都多多少少改變了中國家庭的結構與精神。我們相信家庭在目前經濟改革過程中仍將會改變。

四、社會階級、階層及社會運動

馬克斯的思想裡把社會裡的人按照其與生產關係的程度分爲兩個相對的階級：資產階級與無產階級。擁有生產工具和資本者爲資產階級分子；無生產工具或資本，且需出賣勞力以謀生存者爲無產階級分子。馬克斯相信這兩者階級分子的鬥爭必導致資本主義社會的毀滅，並帶來一個無階級成分的共產社會。在共產社會裡，所有的生產工具都將屬於全民所有。

中共建立政權前後，曾以馬克斯的這種無階級的財產公有理想來吸引中國群眾。但是當中共完成其權力的鞏固之後，不僅人與人之間的階級劃分沒有消除，反而變本加厲。其階級的分隔與限制亦是中國歷史上少見的。中共的社會科學家經常辯稱中共統治下的中國大陸沒有階級的存在，因爲中國人民貧富差距幾乎不存在。

中國大陸學者的這種觀點，其實是對階級的最狹窄解釋。以中國大陸以往四十年的貧窮狀況與全民公有制的生產體系來看，貧富差距之小是理所當然，因爲它是建立在一個均貧的基礎上。但是這並不代表中國

---

⑲ 參考 Wen-hui Tsai, "Life After Retirement: Elderly Welfare in China," *Asian Survey*, (27:5), May, 1987, pp. 566-576.

大陸人與人之間就沒有差別待遇。要瞭解這種差別待遇，我們就必須從
廣義的社會階層（social　stratification）角度來看。社會階層所指認
的差別包括經濟上的貧富之差，也包括因權力和聲望所造成的差別。中
國大陸雖然在經濟開放之前沒有太大的貧富之差，但是人民被權力所分
割的差別卻是相當嚴重。這種以權力之擁有與否來決定個人地位的制度
對個人命運所造成的損傷遠比貧富之差要嚴重。因為在資本主義社會裡，
財產是經由個人努力所取得。因此，窮的人在努力與機會的運作下也可
以致富。也就是，由低等社會階級上昇到高等社會階級的機會，這種機
會可以由個人所創造。但是在中共的權力主義社會裡，權力的擁有與否
是由當權者所賜與，非個人所能自己創造。因此，個人的命運和社會地
位的高低，全受他人的擺布。這種階層制度因此比貧富階級制度要來得
可怕。

　　要瞭解中國大陸這四十年來的階層制度，我們必須從社會學裡的衝
突理論（conflict　theory）和標籤理論（labeling　theory）的觀點
來討論。衝突理論認為人在社會上的地位並非由經濟因素來決定，而是
由權力之擁有與否來決定。擁有權力者為高高在上的支配團體（domi-
nate　group），沒有權力者是低聲下氣的受支配團體（subordinate
group）。支配團體就是權勢團體，控制和剝削弱勢的受支配團體。在
這種人際關係裡，金錢財富、聲望和享受皆源自於權力之擁有。在中國
大陸社會裡，共產黨幹部無論在中央和地方享有大權，就是因為權力擁
有而來。一般老百姓因為沒有權力，因此自然聽命於共產黨幹部。所以
中共幹部雖然表面上與其他人在經濟財富上均等，但是利用特權可以享
受到一般老百姓所不能獲得的東西和機會。所以說，中國大陸人與人之
間的等級差別是建立在權力的分配上。

　　標籤理論是社會學裡形象互動論（symbolic interactionism）的
一種。標籤理論認為，人在社會的地位往往受他人所加諸的標籤所左

右。因此，人的行爲也往往受標籤所影響。例如，一個人是不是有權力並不重要。重要的是別人是否認爲他有權力。同樣地，一個人是否眞有做錯事並不重要，如果別人相信他做錯事，給他一頂「犯人」的帽子加以標籤，那麼這個人就是犯人。中國大陸這四十年來不斷的和各種各樣的所謂「運動」所製造的扣帽子，就是社會學上標籤理論的運用。❹

其實，當我們把衝突理論和標籤理論合併一齊運用，形成一種衝突標籤論觀點（conflict-labeling）則更能說明中國大陸的階層制度。這種衝突標籤論觀點因此認爲在朝者的有權力的中共幹部利用權勢將反對者或無權勢的受支配者任意標籤（扣帽子）造成階級敵人，成爲受打擊的對象。中共往往利用各種各樣的群眾運動來達到整肅敵人的功能和目的。所以說，中共階層制度與群眾運動有相當密切的關係。❺

按照中共的說法，一九四九年以前，中國的封建社會裡存在著下列幾種社會階級：工人、小農民、資產階級、民族資產階級、地主及富農等階級。在一九四九年以後中共在初期實施了社會主義的「三大改造」，反官僚大資產階級、土地改革運動以及鎮壓反革命運動，清除了資產、地主及富農階級。使「新中國」的工人和農民擺脫了剝削苦難的日子。中共在一九五六年召開的中共「八大」會議裡就宣稱：「由於新民主主義革命和社會主義改造的勝利，我國官僚買辦資產階級和封建地主已經消滅了，富農階級和民族資產階級正處在由剝削者到勞動者的轉變過程中，農民和其他個體勞動者已變爲社會主義集體勞動者，工人階級已成爲國家的領導階級……社會主義制度在我國已經建立，無產階級和資產階級的矛盾已經解決。」❺

---

❹　有關衝突理論與標籤理論之討論，可參閱蔡文輝，《社會學理論》，增訂新版。臺北：三民書局，民79年，第10章及第12章。

❺　參閱 Wen-hui Tsai, "Modernization and Social Problems in Mainland China: A Conflict-Labeling Perspective," *Issues & Studies* (22:1), 1986, pp. 35-54.

❺　翟作君、劉德軍、朱敏彥主編，《共和國四十年大事述評》。北京：檔案出版社，1989，頁91。

　　一九五〇年代中共的改革目標大致上是針對所謂「黑五類」：卽，地主、富農、壞分子、反革命分子及右派分子。前兩類是以資產來劃分，而後三類則已以意識型態來分類了。所謂壞分子是指在一九五二年左右的「三反、五反」運動中的整肅對象。右派分子則是指一九五七年整風運動和反右派鬥爭中的敵人。當時被劃爲右派分子的知識分子有五十五萬人之多。㊿毛澤東在一九五七年時公開指出：中國大陸無產階級同資產階級之間的矛盾已經基本解決，也不再是國內的主要矛盾。

　　但是，中共事實上並未眞正放心階級已無鬥爭矛盾的看法。一九六四年的「四清運動」與一九六八年的「清理階級隊伍運動」，都是階級鬥爭的延續，對共產黨的基層幹部和知識分子都有著嚴重的傷害。文化大革命的風暴更是把階級鬥爭擴大，以「黑七類」爲打擊對象。所謂黑七類是指：地主、富農、壞分子、反革命分子、右派分子、走資派，以及工商業資本家等七類政治上的賤民。後來，黑七類更擴充到黑九類，卽包括：地主、富農、反革命分子、壞分子、右派分子、叛徒、特務、走資派，以及知識分子。這也就是知識分子被視爲「臭老九」的源由。這九種階級是社會所唾棄的成分不好的人。至於成分好的則是那些所謂「紅五類」裡的人，卽：工人、貧下中農、烈士子弟、革命幹部子弟及城市貧民子弟。明居正在一篇討論中共社會的論文裡指出：

　　　紅與黑，雖然只是一字之差，可是對當事人所產生的影響卻有天
　　　壤之別。這種差別是全面的。舉凡受教育、就業、升遷、評定工
　　　資、配房、發獎金、結婚成家、甚至做爲一個人的最基本的生存
　　　的權利，都無法逃脫這一個字的影響。尤有甚者，一個人是紅是
　　　黑，其所衝擊的範圍並不止於本人而已，它往往會株連全家，嚴重

㊿　同前書，頁103。

時還會波及親戚、朋友、同學、甚至鄰居。所以在中國大陸，階級不止是反映一個人在社會上地位的高下，它實際決定了包含生死在內的個人的一切待遇。[53]

明居正教授對紅黑敵對的描述，相當正確。但是他還是沒有把中共統治下的階層結構做一個整體的分析。正如我們在前面提過的：如果把階級看做是財產分配不均下的產物，那麼中共的階級差別其實並不嚴重，但是由權力和聲配所決定的階層差別不僅存在，而且相當嚴重。（中共學者一方面不承認階級的存在，中共當局卻另一方面不斷地在打擊階級敵人。可見是否有階級，誰是階級敵人，並非由經濟因素來決定。）中國大陸一直到一九七五年開放之前的社會階層應該是這樣的：

中共幹部
紅五類
黑九類

這三種階層的劃分是依據權力來做決定。因此，誰是紅五類，誰是黑九類的標準也是由在上的中共幹部隨意認定。由於，中共幹部依據本身的利益和思想意識來認定階級的標準，在下受支配者毫無反抗的餘地。帽子一扣，不黑也變黑。這種手段正是我們前面所說的衝突標籤論所強調的。中共在過去四十年間，特別是在一九七五年以前，對階級敵人的扣帽子和整肅手段，往往以鼓吹群眾運動來推行。從一九五〇年的參幹運動，一九五一年的文藝整風運動開始，一直到鄧小平的四化運動，一九八三年的清除精神污染運動，無一不是權力鬥爭、清除異己的

[53] 吳安家主編，《中共政權四十年的回顧與展望》。臺北：政治大學國際關係研究中心，民80年2版，頁343-344。

利用群眾爲工具的大規模運動。受害者少者數百人，多則萬人、數十萬
人。文化大革命的十年苦難期間，受迫害的黑五類人數之多，實難以數
計。

　　一九七八年中共中央宣布全部摘掉右派分子的帽子的指示。到一九
八〇年，全國被劃分爲右派分子的五十五萬人中，只有五千人左右維持
原案，其餘大約95％以上都摘掉了右派的帽子。中央級「不予改正者」
只剩章伯鈞、羅隆基、彭文應、儲安平、陳仁炳等五人而已。❺❹一九七
八年十一月，陳雲在中央工作會議上又一次把平反冤假錯案作爲重大議
題提了出來。中共十一屆三中會議以後，審查和平反了「共約二百九
十多萬人的冤假錯案」。❺❺到一九八二年底，文革中的冤假錯案平反工
作大致已完成。可見扣帽子和摘帽子全由中共幹部利用群眾運動任意使
用。表四所列舉的是中共四十年來的重要群眾運動。

　　在中共過去四十年的階級鬥爭裡，知識分子受迫害的程度可以說是
歷史的大悲劇，但是知識青年的上山下鄉運動所牽涉到的人數之多和影
響之深遠，更是讓人有一種「無語問蒼天」的感慨。知識青年上山下鄉
出現在一九五〇年代。從一九五五年起，中共的共青團中央號召各省市
組織青年遠征隊，奔赴窮鄉僻壤和荒島，協助開發這些地方。到一九五
七年底，據估計全國城市上山下鄉的青年已達七萬九千多人，而自願由
城裡返鄉的青年更多。一九六〇年代時，中共中央和各地相繼成立城鎮
青年上山下鄉的專門機構，擴大規模，一方面加強邊遠地區的建設，一
方面緩和城鎮青年的待業問題。牽涉到的知青達百萬以上。僅上海市就
有十萬知青奔赴新疆生產建設兵團。文革期間，毛澤東在《人民日報》
發表「知識青年到農村去接受下中農的再教育，很有必要」的最高指示，

---

❺❹　參考虞寶棠、李學昌主編，《當代中國四十年紀事》。上海：人民出版
　　社，1990，頁344，及翟作君等，前引書，頁103-104。

❺❺　同前書，頁345。

表四: 中國大陸四十年來的主要社會運動

1950	參幹運動
1951	文藝整風運動，民主改革運動
1952	三反五反運動，知識分子思想改造運動
1955	肅清暗藏反革命分子運動
1957	整風運動，反右派鬥爭運動
1958	大躍進運動，人民公社化運動，除四害運動
1959	反右傾運動
1963	學習雷鋒運動
1964	四清運動，工業學大慶、農業學大寨運動，中央文化革命小組成立
1968	清理階級隊伍運動，知識青年上山下鄉運動
1970	批陳整風運動
1971	清查林彪反黨集團鬥爭運動
1974	批林批孔運動
1975	全國「學習無產階級專政理論」運動
1978	四化運動
1979	創造五好家庭運動
1981	五講四美運動
1983	清除精神污染運動

使得知青上山下鄉運動達到最高潮。據估計，到一九七八年時共有一千六百二十三萬以上的知青上山下鄉。❺ 有不少知青是盲目自願地上山下鄉，但也有些地方用強遷戶口、斷絕口糧，給家長辦「學習班」和停發工資等施加壓力的辦法迫使青年子弟上山下鄉。更有些地方則把上山下鄉當成鬥爭的工具和手段。

知識青年上山下鄉運動所遭受的迫害在很多近年來出版的傷痕文學裡都有悲慘的描述。許多人對當初的盲目參與發生懷疑，而且也不能適應邊遠地區貧苦的日子。因此，一九七二年起終於爆發了知青返城的運動，爭相以升學、參軍、脫隊等手段離開當地。至一九八〇年，上山下鄉的知青，能走的已走得所剩無幾，只有少數不能走的仍然處在集中營式的勞改場中。❺

中共以意識形態來決定階層差別的情況在毛澤東死後稍有改善。近年來在鄧小平的經濟開放政策下，私營企業個體經營經濟又開始在中國大陸活躍起來。因此，新的資產階級開始出現，「萬元戶」成了全國各地競相爭取的寵兒。在農村，「重點戶」、「專業戶」、「農轉非農戶」、「個體戶」、「私營企業戶」等等以經濟財產做為標準的新階級也相繼出現。這些人現在統統屬於「私營企業主」的一個新的階層。這新階層跟以往的階層等級最大的不同是它建立在個人的成就上，而非由在上有權勢者所認定，但也正因此，「私營企業主」的波動昇降情況比以往要來得頻繁。雖然如此，中共最近十年來的階層結構有逐漸走向多元化的跡象。

❺　翟作君等，前引書，頁225。
❺　有關知青上山下鄉運動及文化大革命過程，可參閱汪學文，《文化大革命史論》。臺北：政治大學國際關係研究中心，民78年。周采芹，《上海的女兒》。臺北：聯經，民79年。嚴家其、高皋，《中國文革十年史》。香港：大公報，1986。馬瑞雪，《黎明之前》。臺北：時報，民67年。Cheng Nien, 前引書, Daiyun Yue & Carolyn Wakeman 前引書。

意識形態的認定仍然存在，但是個人成就取向的經濟階級也已出現，這
是好現象。

五、結　論

中國傳統社會的最大一個特點是穩定性。傳統文化以儒家的五倫爲
人際關係的指導原則，人與人之間以和爲貴。再配合家庭的超強穩定
力，使中國傳統社會秩序，二千年來未有多大變遷。

中共統治下的中國社會在過去這四十年間經歷了不少激烈的變遷，
雖然有些改革是必然的結果（例如：小家庭的出現，婦女地位的提高
等），但是有不少的變遷卻是人爲因素所致（例如：人口急速增長、階
級鬥爭、貧窮等）。

基本上，中國大陸四十年來的社會是一種封閉和政治意識型態掛帥
的社會。西方社會學家所提出的衝突標籤理論觀點最適合用來解釋中國
大陸社會。按照這個觀點，人與人之間是相互爭取私利的互動關係。權
力的擁有與否決定一個人社會上的地位，有權力的支配團體高高在上操
縱控制無權力的受支配團體的生命機運。中共幹部憑依權勢主宰億萬中
國人民群眾的生命，由生（一胎化政策）到死（殯葬方式的限制）無一
不受控制。只要中共幹部給反對者扣上右派帽子的標籤或其他所謂階級
敵人的帽子，受害者幾無反抗的餘地。近年來，這種權力的濫用雖稍有
改善，但是無數「官倒爺」的出現，卻又呈現在經濟開放過程中，權勢
的經濟運用。一九八九年學運之所以爆發，多多少少跟「官倒爺」的爲
非作歹有關。天安門慘案的產生也更進一步說明權勢的支配性。

中國社會從十九世紀中葉，在西潮的衝擊之下，弊端叢生。近百年
來，政治不穩、經濟落後、社會動亂，使中國仍然積弱不振。二十世紀
初期的軍閥混亂、日軍侵略、國共內亂等多多少少皆影響了中國穩定社

會結構的動搖。中共統治下的二十世紀下半期，整風運動、三反五反、大躍進、文化大革命、知青上山下鄉運動、一胎化政策、四化運動等也是中國大陸社會改變的幾種因素。

　　社會學家倫尼（Danel　Lerner）指出一個現代化的社會應有下列五種特質：（1）在經濟上有持續的成長率，（2）在政治上人民有決策參與權，（3）在文化裡理性應代替宗教與神話，（4）在社會裡，社會移動率應提高、階層應由成就因素來決定，（5）在心理上，應強調理性和效率。㊹中共領導者喜歡用「中國式」的形容詞加諸於其所實施的任何策略。中國式的社會主義其實並未給中國人民帶來太多的福祉。如果中共能達到倫尼所提出的五項要求，能帶給人民一個平和穩定富裕的中國社會，這才是人民的福氣。屆時也就沒必要強調「中國式」是否的差別。沒有一個社會不在變，但是我們總希望它是往好的變。中國大陸四十年來時好時壞的波浪式變遷，是中國社會仍然落後的最主要原因。

㊹　Daniel Lerner, "Modernization," in D. Shills, ed., *International Encyclopedia of the Social Sciences,* Vol. 10, N.Y.: Macmillian & Free Press, 1968, p. 386.

中國大陸社會之矛盾

中國大陸社會之矛盾

一、前　　言

　　按照馬克斯主義的理論看法，共產社會應該是一個沒有階級差別，也沒有貧富之分的全民平等的社會。人與人之間的關係不再受生產工具的影響。因此，共產社會裡不會有資產階級欺壓無產階級的不良社會結構。社會裡的個人憑其對社會的貢獻而換得應有的報酬。

　　當毛澤東在一九四九年十月宣布「中華人民共和國」成立的時候，他要全中國人民站起來，在全民共產、全民平等的基礎上建立一個新中國。傳統中國的封建制度使得中國敗壞，也造成今日中國的貧窮和落後。共產黨領導下的新中國是中國人的新希望，使中國人平等地站在世界列強之前，有驕傲和信心。

　　但是，中國共產黨在中國大陸已經執政了四十多年的期間，這個所謂「新中國」不僅未造成一個足與列強並列的一等強國，而且還遠遠落後於世界上絕大多數的國家，這個「新中國」不僅沒有消除社會的不平等，反而加深了人與人之間的仇恨。四十多年來，各種各樣的群眾運動和階級鬥爭，造成千百萬人的無謂犧牲和死亡，也加深了社會裡的矛盾與仇恨。

　　本篇的目的是探討中國大陸社會的矛盾現象。特將重點放在階級不平等、男女差別待遇、城鄉的差距，以及地區間的不等速發展等問題上。

二、階級不平等

馬克斯思想把社會裡的成員分成兩個階級: 資產階級和無產階級。擁有生產工具和資本者爲資產階級分子, 而那些無生產工具或資本之勞動群眾就屬於無產階級。

中國大陸學者常爭辯稱中國大陸沒有階級高低之分, 因爲地主與貧農的傳統階級已被消滅; 資本家階級也因全民所有制而消失, 人民之間的所得差異很少, 不足以構成階級高低之分。

事實上, 在中共執政下的中國大陸, 其階級區分差別遠比一九四九年以前還要來得嚴重。因爲中國大陸的階級差別是建立在權力的擁有與否上。在資本主義社會裡, 財富或貧窮可經由個人的努力而改變階級地位, 但在中共社會裡, 人們的階級地位卻非個人所能決定, 而是由在上有權者加以界定的, 毫無自由選擇的機會。

下面的程式可以用來說明由古至今, 決定中國社會階級之因素的改變:

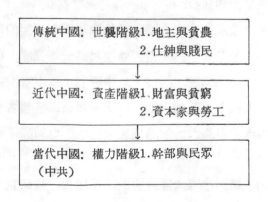

在傳統中國社會裡雖然世襲階級根深蒂固，很難改變，但是歷代的科舉制度仍然給了下層階級者上昇的機會；近代中國的資產階級由買辦和巨賈操縱，但窮苦百姓仍然有翻身的機會；但在當代中國的共產階級制度之下，一般民眾的身分決定於幹部的喜惡之間，一旦被打成「成分不好」則終身受苦。

中共在建立政權初期就展開清除階級敵人的行動，清除了資產、地主及富農階級。一九五〇年代又大力地向「黑五類」進行鬥爭。所謂「黑五類」者，卽：地主、富農、壞分子、反革命分子以及右派分子。其中光是被劃成右派分子的知識分子就有五十五萬人之多。文化大革命期間更把走資派和工商業資本家包括在內而成「黑七類」，後來更擴充到「黑九類」，把知識分子打成最下一層，亦卽「臭老九」，是社會所唾棄成分不好的人。至於成分好的「紅五類」包括工、貧下中農、烈士子弟、革命幹部子弟及城市貧民子弟等。

所以，中共從一九四九年以至一九八〇年代初期的階級劃分，大致上是這樣的：

中共幹部
紅五類
黑九類

在鄧小平執政時代，有相當大數目的黑九類得到了平反。而且在經濟開放以後，大家向錢看的趨勢下，中共以往的階級制度就開始有了改變。雖然權力仍然是最重要的因素，但是金錢財富逐漸影響到個人的地位。萬元戶已不稀罕，百萬元戶才是好漢。金錢腐蝕了中共嚴謹的均貧平等制度，官商勾結、官倒爺的案子處處可見。

在正式結構上，中共幹部有權有勢，仍然高高在上，但是金錢已逐

漸在階級的非正式結構裡發生了作用。

三、男女差異

毛澤東領導下的新中國把舊式家庭看成了私字的防空洞、修字的避風港、四舊的溫床。因此在打倒傳統和破舊的口號下，家庭成為打擊的主要對象。男女關係的改變也就成為新式家庭的重點。

中共一九五〇年頒布的婚姻法，聲明「廢除包辦強迫、男尊女卑、漠視子女利益的封建主義婚姻制度，實行男女婚姻自由、一夫一妻、男女權利平等、保護婦女和子女合法利益的新婚姻制度」。在職業的分配上和工資的分發也以男女平等，同工同酬為原則。

表面上看來，中共體制下的婦女是獲得解脫了。其實不然，買賣和包辦婚姻仍然盛行，溺女嬰在一胎化政策下更是時有所聞。在職業上，婦女所賺的工資一般要比男性低。根據一九八八年的資料，女的工資大約只有男的84.5%左右。從表一可以看出來，服務業者男女兩性工資最為接近，而管理人員或企業廠級領導人員的兩性工資差別最為明顯。可見職位越高，差距越大。同樣的現象也可以在表一的教育項目下看出，大專程度者之兩性工資差異要比其他學歷來得大。

如果從女性在業人口的職業分布來看，女性在公務機關就業的比例少得很，只有23.8%。或許我們可以瞭解女性在工業、建築業、交通運輸業的比例少是因為這幾個行業需要大量的體力。但是女性在公務機關所占比例之少則正反映中共黨政機關還是重男輕女，歧視女性。女性在各主要行業所占的比例列於表二以供參考。

表一: 每月平均工資 (1988年)

單位: 人民幣 (元)

	男	女	男女比率 (女/男)×100
總　　計	164.3	138.8	84.5%
(一)按職務分			
一般生產工人	151.7	133.8	88.2%
服務人員	148.2	133.4	90%
工程技術人員	176	150.8	85.6%
管理人員	177	150.1	84.8%
企業廠級領導	205.6	173.3	84.3%
(二)按教育分			
大專以上	178.3	148.2	83.1%
中學	175	145.9	83.4%
技術	141	131.1	93%
高中	147.6	133	90.1%
初中	162.7	136.6	84%
小學及以下	175.7	150.1	85.4%

(1988年國家勞動部對上海、石家庄、錦州等13市218個企業的調查資料,
　載於《中國婦女統計資料, 1949~1989》, 頁318-319。)

表二: 1987年女性在業人口職業分布

	在業人口數	女性在業人口數	女性之比例
農林漁牧	4,147,404	1,966,715	47.4%
工業	900,773	374,214	30.4%
地質普查類	4,302	1,242	28.9%
建築	132,975	17,374	13.1%
交通運輸	108,980	18,337	16.8%
商業	207,848	96,566	46.5%
房地產、公用事業	54,691	22,820	41.7%
衛生體育、社福	43,003	21,173	49.2%
教育、廣電	118,883	48,979	41.6%
科研	12,251	4,784	39.1%
金融	12,675	4,755	37.5%
公務機關	97,041	23,059	23.8%
其他	4,865	1,664	34.2%

（資料來源: 見表一，頁280-283。）

　　女性在職業上和社會上受到歧視，在家裡也受到不平等的待遇。很多女性受丈夫或夫家的虐待而求去。即使在正常的家裡，從夫婦之間工作和家務時間的分配上也可以看出來這個矛盾。

　　在四川、陝西，及天津，男女在工作期間用於工作的時數大致上相差無幾，這三個區域抽樣調查的資料都計算約八個半小時至九小時之間的工作量（見表三）。但用於家務時數就有了明顯的不同: 女性大約要比男性多花一個多小時。周日如此，周末更甚; 相對的，可以用來自由支配的時間自然男多於女。休息日，四川的男性每天多兩個小時的自由支配時間，而女性則多花兩個小時於家務上。

表三: 男女職工一天時間分配表

（單位: 小時: 分鐘）

	男			女		
	四 川	陝 西	天 津	四 川	陝 西	天 津
（工作日）						
用於工作時間	8:50	8:48	8:51	8:41	8:30	8:42
用於個人生活時間	9:44	10:34	9:33	9:51	10:32	9:32
用於家務時間	2:00	1:34	2:54	3:08	2:44	3:40
用於自由支配時間	3:26	3:04	2:42	2:20	2:14	2:06
（休息日）						
用於工作時間	1:50	1:19	2:19	1:19	1:20	1:33
用於個人生活時間	11:46	12:04	10:25	11:58	12:00	10:43
用於家務時間	4:35	3:50	5:05	6:53	5:35	6:30
用於自由支配時間	6:49	6:47	6:11	4:50	5:05	5:14

（資料來源:
　　1)四川省統計局1984年10月對17縣市抽樣調查資料。
　　2)陝西省1987年對全省職工抽樣調查（682人）。
　　3)全國婦聯1987年對天津、株州、陽泉三市職工調查。
載於《中國婦女統計資料，1949～1989》，頁581-582。
另外，一項在哈爾濱、齊齊哈爾兩市的抽樣調查顯示，工業企業職工家務勞動
時間結構大約每星期男的27.3小時，女的37.1小時。）

　　中國大陸婦女在家裡受到不平等待遇，丈夫的毆打和公婆的虐待事件時有所聞。因此，要求離婚的是女多於男。根據中共統計局的資料，一九八〇年的離婚率是0.07％，但到一九八八年已有0.11％，明顯地提昇。而再婚者的機會，女性要比男性低得多。所以說，中共社會的男女平等只是法律上的虛列而已，事實上男女仍然不平等。

四、城鄉的差異

　　中國大陸在一九四九年以前是以農爲主的社會，鄉村人口占絕大多數。中共統治下的四十多年來，由於工業的落後，封閉政治嚴禁人民自由遷移；鄉村人口仍然占大多數。一九五〇年的鄉村人口約占總人口的86.52%，以後雖然逐年減少，一九九〇年仍有73.59%，也就是將近四分之三左右的人口是在鄉村。

　　中共當年搞農民革命造反起家，一九四九年以後更屬行農村土改。鄉村的生活應該是中共政權的重點工作之一，無庸置疑。但是一直到一九九〇年，鄉村的生活品質仍然遠遠落後於城市。根據表四，鄉村居民的全部收入只有城市居民的60.2%。也可以說，城市居民的全部收入爲鄉村居民的1.7倍。鄉村不僅收入低，其生活支出占全部收入的比例也偏高。在城市裡，居民的生活支出占全部收入的84.0%，但在鄉村竟高達92.0%。可見鄉村的生活要比城市更苦，更緊。

　　如果我們換一個角度，從消費品來看，城市的各類消費品擁有率，無一不比鄉村要高。只有較普遍的收音機，兩地擁有率幾近相等，詳情請參閱表四。

表四: 中國大陸城鄉生活品質比較

	城	鄉	鄉／城	城／鄉
平均每戶人口	3.5 人	4.89人		
平均每戶就業人口	1.98人	2.92人		
每一就業者負擔人口	1.77人	1.66人		
全部收入(A)	1,522.8元	916.5元	60.2%	1.7
生活支出(B)	1,278.9元	840.1元	65.7%	1.5
生活支出占全部收入比(B／A)	84%	92%		
消費品	(每萬人平均擁有數)		鄉／城	城／鄉
自行車	188.6	118.3	62.7%	1.6倍
縫紉機	70.1	55.2	78.8%	1.3
電子錶	70.8	23.2	32.8%	3.1
電風扇	135.5	41.4	30.6%	3.3
洗衣機	78.4	9.1	11.6%	8.6
冰箱	42.3	1.2	2.8%	35.3
收音機	45.3	45.2	100	1.0

（資料來源:《中國統計年鑑》, 1991, 頁276及303。）

　　至於農民與非農民的消費水平對比, 則非農民的消費水平要比農民高出 2.8倍。在醫療設施上也以城市情況比較妥善。表五比較了城鄉之間過去四十年來的每萬人口的病床位數、醫生數, 及護士數。以一九九○年為例, 城市的病床位率是 45.9, 鄉縣只有 14.7; 城市的醫生是 32.4 位, 縣9.3; 護士是21.0對4.1。

表五: 城鄉醫療設施

（單位: 每萬人平均）

	床　位		醫　生		護　士	
	市	縣	市	縣	市	縣
1952	16.9	1.5	11.3	6.8	6	0.3
1957	22.2	1.4	13.9	7.5	10.1	0.5
1962	37.5	4.5	18.4	8.5	13.3	0.8
1965	35.1	5.1	20.7	8.3	13.5	0.9
1970	35.4	8.7	16.7	6.7	12.5	1.7
1975	39.7	12.6	22.9	6.7	15	1.8
1980	40.1	15.3	27.5	7.9	15.7	2.1
1985	38.1	15.7	28.3	8.7	15.6	3
1990	45.9	14.7	32.4	9.3	21	4.1

注:
床位: 每萬人口平均床位數
醫生: 每萬人口平均醫生數
護士: 每萬人口平均護士數
（資料來源: 同表四，頁773。）

　　城市的生活水平雖然高些，近十年來也遭受通貨膨脹之苦。如果以一九五〇年爲基準 100，零售物價指數在一九九〇年城市爲 360.5，鄉村則較低，也有 240.2；單以食品類的零售物價指數來看則更高，城市爲 460.2，鄉村爲 346.8。

表六：城鄉零售物價指數

(1950年為100)

	總 指 數		食 品 數	
	城	鄉	城	鄉
1950	100	100	100	100
1955	126	116.7	123.9	125
1960	131.3	123.7	136.1	134.8
1965	141.2	130.4	164.9	146.4
1970	141.2	125.4	168.9	149.5
1975	148.6	121.5	173.1	148.8
1980	178.3	129.6	205.7	166.2
1985	219.1	150	270.9	205.1
1990	360.5	240.2	460.2	346.8

（資料來源：同表四，頁238及243。）

五、地區差異

　　中國地域龐大，自古以來各地區生活水準差異相當明顯。從清朝開放沿海通商以來，沿海各省進步神速，生活水準比內陸各地要高很多。尤其大城市如上海、天津、廣州皆相當繁榮。中共當政以後，閉關自守，沿海各省的經貿活動受阻，而開發大西北的策略也一直沒有明顯的成效。

　　鄧小平執政下的中共在一九七五年以後，經濟再度開放，對外貿易增加，沿海各省迅速繁榮，生活水準提高，造成明顯的地區的差別。

　　我們把中國大陸分成華北（北京、天津、河北、山西、內蒙古）、東北（遼寧、吉林、黑龍江）、華北沿海（上海、江蘇、浙江、安徽、

山東)、華南沿海(福建、廣東、廣西、海南)、華中(江西、河南、湖北、湖南)、華西(四川、貴州、雲南)、西北(陝西、甘肅、青海、寧夏、新疆)及西藏等八個地區。

從教育程度來看,表七顯示文盲及半文盲的人口百分比,以東北地區最低,只占其人口之 13.4%;西藏最高,占 67.6%。如果以男女差別來看,則華南沿海的男性文盲率最低,西藏地區的女性文盲率則高達 81.0%,至於北京、天津、上海等三大都市,教育水準都高,尤其男性的文盲率僅在百分之五與六之間。

以平均國民收入來看,華北沿海收入最高,達二千零二十元;華西地區最低,只有七百三十九元。如果以四大地區:沿海、內陸、東西及西北等來比,則沿海地區最高,有一千六百一十六元,西北地區只有八百九十元。可見近年來的開放對沿海地區的生活水準大有改善。(見表八)

另外,上海市的平均國民所得全國最高,達四千六百二十四元;北京居次,有三千三百二十一元,天津亦有二千七百七十四元之多;最窮的是貴州省。

如果以省分來加以比較,則以遼寧省的人均所得一千九百七十七元為最高,其次是廣東省的一千七百二十九元,浙江省的一千六百六十七元,江蘇省的一千六百三十元,黑龍江的一千四百七十六元。此為前五名的高人均所得省分;以東北及沿海為多。最低人均所得省分依次是貴州省的六百三十一元,廣西省的七百二十六元,雲南省的七百七十四元,西藏的七百八十五元,及四川省的八百一十三元;大多為自古以來即為貧困地區,四川省人均所得之低則可能是由於人口眾多之故所造成。

如果把省分與三大城之人均所得比較,則上海的人民幣四千六百二十四元,北京的三千三百二十一元,天津的二千七百七十四元皆非各省可比擬的。這也間接可以看出所得分配不均的問題。(見表九)

表七: 文盲及半文盲占15歲以上人口之百分比 (1990年)

	計	男	女	女／男比率
全國	22.27	13.01	32	2.5
華北	19	11.1	26.8	2.4
東北	13.4	8.3	18.8	2.3
華北沿海	24.8	14.2	35.7	2.5
華南沿海	17.5	7.5	28	3.7
華中	21.4	12.1	31.1	2.6
華西	27.1	16.7	38.2	2.2
西北	29.7	9.8	39.8	4.06
西藏	67.6	54.1	81	1.5
北京	11.03	5.52	16.9	3.1
上海	13.41	5.91	21.29	3.6
廣東	15.2	5.89	24.82	4.2
天津	11.72	5.36	18.2	3.4
沿海	22.33	11.95	33.12	2.8
內陸	22.69	13.51	32.4	2.4
東北	13.4	8.3	18.8	2.3
西北	30.6	10.9	40.9	3.7

(資料來源: 同表四，頁85。)

表八: 地區分人均國民收入 (1989年)

(單位: 人民幣)

地　區　別	人均國民收入
華北	1,836元
東北	1,575元
華北沿海	2,020元
華南沿海	1,211元
華中	933元
華西	739元
西北	994元
西藏	785元
沿海	1,616元
內陸	1,169元
東北	1,575元
西北，西藏	890元

(資料來源: 同表四，頁37。)

表九: 大陸各省分人均所得 (按等級分, 1989年)

(單位: 人民幣)

省	人均所得	等　級	省	人均所得	等　級
遼寧	1,977	1	山西	1,013	14
廣東	1,729	2	內蒙古	991	15
浙江	1,667	3	寧夏	978	16
江蘇	1,630	4	安徽	917	17
黑龍江	1,476	5	河南	906	18
吉林	1,273	6	陝西	859	19
山東	1,263	7	甘肅	859	19
福建	1,247	8	江西	842	21
新疆	1,230	9	河南	819	22
湖南	1,164	10	四川	813	23
海南	1,142	11	西藏	785	24
河北	1,081	12	雲南	774	25
青海	1,044	13	廣西	726	26

(資料來源: 同表四, 頁37。)

六、盲流問題

　　盲流在中國大陸是指盲目流浪的人口而言。也就是說, 是一群由一個地方流徙到另一個地方, 希冀尋找工作機會的遷移者。在人口學上, 這是指國內遷移 (internal migration) 的型態。

　　本來, 國內遷移不算是一種異常的社會人口現象。在我國歷史上, 國內遷移主要有兩種因素造成。一種是因為戰亂, 例如五胡亂華的人口

大量南移，南宋人口的南移，以及中日二次大戰期間的人口西遷。另外一種是由於災荒：農村因天然災害，農民為求生存而離開原居地外出謀生。前者的遷移往往是長期性的定居；而後者通常在災荒消逝後返回原居地，是較暫時性的。

　　在中共一九四九年統治大陸以後，內部的遷移，由於政府嚴格管制戶口，數量並不太大。大躍進期間雖然飢荒嚴重，死亡人口增加，但是中共並未准許飢民到處流浪。倒是在文化大革命期間，知識青年被迫「上山下鄉」與開發大西北的口號下，人口流動增加。這是人為因素造成的內部遷移。近年來盲流的產生則是中共在經濟開放下，農村失業急增，城鎮工商業發達，農民湧向都市尋找工作的情勢下所造成。

　　中國大陸的學者把目前的盲流遷移歸納成三大類型：

　　（一）向心流：指農村人口流向城市或城郊地區的遷移型態。這是盲流人口規模最大者，影響也最深。廣州的每日平均流動人口在一百一十萬至一百三十萬之間，相當於該市常住人口之32％至38％。僅僅一九九一年舊曆年初四（二月十八日）那天，來自四川、湖北、湖南、江西等地的盲流，抵達廣州者多達一萬五千多人。二月二十三日《南方日報》報導，從十二日至二十二日之間，到達廣州的民工達到二十四萬。一九九二年中共中新社二月十七日報導，平均每天抵達廈門火車站旅客高達九千人，其中70％是前來尋找工作的民工。上海約有一百八十三萬流動人口，北京一百三十萬，成都五十三萬，天津及武漢均逾八十萬，鄭州亦有六十萬之眾。「上海是銀行，工廠是倉庫；上海跑一趟，回家蓋洋樓。」的順口溜代表著向心流的夢想。

　　（二）梯度流：指人口由中西部流向沿海各地區。現在流入盲流人口最多的是長江三角洲和珠江三角洲。盲流多來自四川、貴州、湖南、安徽、河南、江蘇、浙江等省的貧困地區。中共《農民日報》稱一九九一年二月十五日至二十三日之間，各省有四十萬盲流湧往廣東。沿海地

區省分近年來在經濟開放下，對外貿易提高，生活水準高於內地，吸引內地農民外流：「出去小瘟三，回來小老板。」根據廣東省的估計，過去五年來，就有九十一萬人遷往廣東省。中共在建立政權以後，雖然全力開發大西北，發展內陸農工業，但是在經濟開放政策下，沿海各地的腳步要比內陸快得多。

　　（三）反梯度流：是指沿海一帶失業農民向中西部內陸移動。這幾年蘭州、烏魯木齊、呼和浩特均出現盲流潮。不過，反梯度流人數不及前兩者多。

　　中國大陸到底有多少盲流人口，確實統計資料缺乏。據估計，從一九八五年至一九九〇年期間，跨市、鎮、縣的遷移人口有三千三百多萬人。另外一項估計則顯示，從一九七八年至一九八八年間，大陸有一億三千萬的農民轉行至「非農產業」，也有一至二億農村勞力處於失業、半失業狀態。這些人皆是外流的可能對象。

　　根據《中國科學報》的一項調查顯示，二十五歲以下的盲流占70％以上，二十五歲至三十五歲約占20％。在教育背景上，初中程度者占67％，高中與中專占15％。另一項中共公安部門的統計，流動人口中，20％至30％為建築工人，18％至24％為勤雜工、炊事員及媒姆等，10％至15％為服務員及修理工。可見盲流中以青年人、教育較低的勞工為多。

　　如果遷移的目的地如都市、沿海各省能夠容納這些外地來的流動人口，那麼也就不會有盲流問題，也就不會成為中國大陸最嚴重的人口社會問題。可是大陸都市本身的失業率也有 3.5％左右，失業人口亦在一千萬人以上，而各都市的社會資源也無法承擔這外來的人口。根據中共的估計，每增加一個流動人口，都市即需增加六千元人民幣之基礎設施費。在這種情況下，不少盲流人口在市區遊蕩，公然搭建「鴨兒柵」、「破爛村」等違章建築，或霸占街頭、車站、碼頭，建立根據地，造成都市供水電、煤氣、醫療衛生、糧食和副食品等之困難。不少無業

遊民鋌而走險，致使偷盜、走私、賣淫、拐騙、劫掠等犯罪行為出現，擾亂社會治安。

針對盲流所帶來的都市社會問題，中共中央及各省分皆紛紛提出辦法對策，應付這日益膨脹的情勢。原則上是加強戶口管制，制止農民入城，配合強遣盲流人口返鄉的辦法，各地防範措施包括：

（一）江蘇省：禁止農村幹部私自將親屬戶口遷入城市、驅趕境內黑人黑戶及清退城市農村民工等。

（二）雲南省：規定人口住滿半個月者即須辦理暫住證、農村工作人員外出一年未歸者，由停薪留職改為撤職。

（三）福建省：按「誰主管、誰負責」、「誰用工、誰負責」之原則，做到「調查摸底、自清自糾」及「集中清理、統一行動」，做到「發現一個、收容一個、遣送一個」。不准搞公房二租；對非法入境者強制驅逐出境；亦不可雇用無「務工許可證者」之外來人員。

（四）海南省：「海上查、岸上堵、內部清」的辦法，共遣送盲流十四萬人次出島，截堵一萬，勸返三萬。

（五）廣東省及廣州市：嚴格控制企業用工、對外地民工不得續聘或新招僱。廣州市當局亦調配車輛，把找不到工作的盲流民工遣送回鄉；聯絡湖南、四川等省加以攔堵。廣州市最近更積極地以開放各省市有計畫的組織勞動力至該市為條件，與周圍七省區訂定協定，減少非法盲流。

嚴格上來講，上述的辦法只能治標，是頭痛醫頭，腳痛醫腳的應急辦法。中共要解決盲流的問題，必須從治本的角度來著手。鄧辛未先生提出下面五點長期性的因應之道，足供參考：

（一）對農業進行深度和廣度開發，把農業本身變成容納更多勞動力產業；

（二）繼續以小城鎮為依托，積極發展鄉鎮企業，發展加工業和服

務業，實行勞動力就地轉移；

　　（三）開墾荒地，增加可耕面積；

　　（四）城鄉互補、內外交流。讓農村剩餘勞力有計畫地流入城市；同時，向國外輸出勞工；

　　（五）控制農村人口的出生率，提高人口品質。

　　鄧辛未的結論認爲：

　　　盲流是中國大陸社會制度 —— 貧富不均、人口政策、經濟政策、城鄉生產差距等所造成的。任何一種措施，無助問題解決。如有一天，土地不能維持農民最低生活水準，或者農民本身覺悟，並開始政治行動，中共當權派就要面對它最激烈最嚴重的挑戰。

我們同意鄧先生的看法，解決盲流就必須從整體性來看。人口學上對遷移的人口流動指出人口由農村「推到」都市是因爲農村有太多的「推」的因素：如生活困難、失業率高、生活單調、人口過剩等；而在另一方面，都市有「吸」的正面因素，如工作就業機會高、收入多、生活環境優良、文化水平高等。如果農村與城市的差距太大（如目前的大陸），則無論中共當局怎麼防範，農村還是把人口推向都市，而都市也吸引農村。問題還是存在，解決不了。在目前中共是心有餘，而力不足。盲流還會繼續。

七、社會矛盾下的民怨

　　中國大陸社會資源分配的不公平，在共產黨的階級制度下，在社會地位的高低不平、城鄉生活水準的不均速發展、地區貧富不均的狀況

下，造成了不少的民怨。改革開放的政策之下，更使原本潛在的問題檯面化。

單從經濟收入的層次來看，社會的不公大致上可以包括下列幾種類型：

（一）地區不同分配不公：由於中共優先發展沿海地區，使得沿海與內陸居民收入差距懸殊。先行開放地區，收入普遍高於其他地區；而未開放地區，卻須承擔物價上漲之苦，實際收入更見低下。

（二）行業不同分配不公：物質生產部門企業的職工收入一般高於文教科衞及公家機構。另外，個體戶、私營企業及「三資」企業職工收入則高於國營及集體企業職工。

（三）腦體勞動收入倒掛：知識分子和科技人員薪資待遇偏低，平均低於體力勞動行業所得。同時，應用性科技方面的腦力勞動者也比基礎理論者要高。

（四）工資與非工資收入比例不公：公營企業單位以利潤、獎金、津貼等名目，使得基本工資比重逐年下降，其他非工資支付逐年增加。一些企業領導幹部與握有實權的工作人員，透過多種管道得到距額獎金收入。

金錢實利的增加，使得中共地方幹部對人民的控制相當鬆懈。「人民公社」解體後，鄉鎮幹部權力大爲下降，致而滿腹牢騷。這些地方幹部向中共中央抱怨，他們在政治上得不到關心，更毫無提拔上昇的機會。生活艱苦，而且子女上學和就業都發生困難，造成不少人千方百計拉關係挖門子找路子往城裡調，影響幹部隊伍的穩定性。

以往大陸的鄉鎮幹部儼然土皇帝一個，集黨政軍學及工農商交通各業大權於一身。在公社制度下，中共幹部擁有生殺大權，現在則滿腹憂愁。故中共與地方基層幹部之間的矛盾有擴大之趨勢。各地出現所謂「三亂」的現象也跟這些矛盾有關。所謂「三亂」是指亂收費、亂罰

款、亂攤派等三種不合理的中共各級黨政機關憑藉勢力，對大陸企業和人民進行敲詐勒索和壓榨剝削的手段。

三亂的例子很多，例如：大陸人民出國辦手續，要向醫生護士封「利市」（紅包）、防疫部門也要上百人民幣才能通關。公安人員亂查緝執罰，以私了爲手段，罰款歸私人。各地方政府爲了增加地方財政收入，通過各種形式強行攤派人民和企業捐款。山東省一位農民代表就在七屆「人大」五次會議時提出：「農民不是錢袋子，掙幾個錢不容易，掏來掏去抗不了的。」山東省一位農民手捧負擔通知書埋怨：「不知是怎麼搞的，年年說減輕負擔，年年的負擔在增加……什麼廣播費、教育附加費、民兵訓練費、優撫費、保險費、河堤整治費等，不下二十種……搞得俺連買種子都沒錢。」上級向地方需索，地方無錢只得轉嫁農民，無怪農民怨聲四起。何況，在一九九一年中共最高人民檢察院檢察長劉復之更提出，各級機關受理貪污賄賂案件八萬一千一百一十起，偵查起訴四萬餘人，追繳贓款達五億人民幣。

在這種社會不公平的狀況下，中共的青少年問題也有逐漸上昇的趨勢。近幾年來，大陸的青少年犯案占所有犯罪的70％以上，暴力和利慾型犯罪如搶扨、流氓、強姦、放火、殺人、詐騙，皆有相當大的比例。另外，性行爲的泛濫也擴大，性病與未婚之人工流產幾占全額之25％，而且只要鈔票，不要社會主義的心態，普遍存在。

中共社會矛盾所造成的民怨，到處可見。不分地區，不分階級，也不分男女老少，都對中共有不少的怨恨。我們上面所舉的只是代表性的幾個例子而已。如何消除民怨將是中共未來數年的一大挑戰。

參 考 書 目

國家統計局編

1991 《中國統計年鑑》，1991。北京：中國統計出版社。

中華全國婦女聯合會婦女研究所編

1991 《中國婦女統計資料，1949～1989》。北京：中國統計出版社。

中國百科年鑑編輯部編

1984 《中國百科年鑑》，1984。北京：中國大百科全書出版社。

馬齊彬等編

1991 《中國共產黨執政四十年，1949～1989》。北京：中共黨史出版社。

王耕今等編

1989 《農村三十年》。北京：農村讀物出版社。

臺灣家庭生活的現代化

臺灣家庭生活的現代化

一、現代社會的特質

在人類歷史的發展過程裡，現代化社會代表著一定的特質。它通常是指一個比較理性的、進步的、富裕的、民主的、以及多元性的社會。這種現代化的社會在經過十七、十八世紀以來的工業革命衝擊下產生，由歐洲而至美洲，並在二次大戰以後逐漸擴散到非西方的亞非兩洲國家。因此，現代化的改變可以說是一種全球性的經驗現象。

現代化過程有兩個相當顯著的特質：社會結構的分化與社會關係的理性化。分化（differentiation）係指社會組織裡的角色或單位由一變二的過程。這二個新分化出來的角色或單位在功能上要比原有的那個更有效率。按照美國社會學家派深思（Talcott Parsons）的說法，分化牽涉到兩個相關聯的過程：第一是特殊化過程（specialization），使新的單位更專更精；第二是功能適應能力的提昇（adaptive upgrading），使新分化出來的單位具有更強的適應能力。（Parsons, 1966）

現代化過程也牽涉到理性化（rationalization）。大多數研究社會變遷的學者都強調理性化是現代社會裡的最重要特質之一。美國社會學家墨爾（Wilbert E. Moore）指出理性的工作原則可以達到高效率的目的；私人的恩怨和感情在講求高效率的現代社會裡應該減低到最低程度。因此，墨爾認為現代化就是理性化。（Moore, 1979）

因此，從社會結構的角度來看，現代社會具有下列幾項特徵：

（一）社會單位的特殊化。有了專精的單位，社會才更能適應環境的挑戰，提高社會功能的操作。

（二）社會單位的互賴性。傳統的社會較能自給自足，無需求助於他人。現代社會裡，每一個單位的自給自足能力因分化而減低。因此，單位與單位之間的互賴性大為提昇。

（三）一種普遍性的倫理觀念。在傳統社會裡，倫理觀念以家庭為中心，狹窄而特殊。現代社會的倫理觀念是建立在一個超越家庭的普遍性原則上，依理性的準則來辦事。家庭中心倫理減退。

（四）中央集權與民主化的綜合。為了講求效率現代社會往往趨向中央集權，用以協調社會裡的各部門單位。同時，為了能順應大多數人的需求，現代社會也包含民主式體制。所以，現代社會是集權與民主的綜合運用。

不僅社會學家指出現代社會與傳統社會結構有所不同，心理學家也相信，現代社會裡的人具有幾項明顯的人格特質。按照英克禮（Alex Inkeles）和史密斯（David H. Smith）兩人的看法，這些現代人格特質包括：

（一）願意接受新的經驗。

（二）承認並接受社會變遷之事實。

（三）提供個人意見並尊重他人之意見。

（四）搜集資訊以做為意見之根據。

（五）具有未來導向的人格。

（六）有效率並具有支配環境的信心。

（七）有計畫，深信公私生活的規律性。

（八）是可靠的，信任自己與周圍環境。

（九）注重工藝技術的價值，而且願意以才能做為分配報酬的準

　　則。也重視科學的貢獻。

　（十）重視教育。

　（十一）認清並尊重他人的尊嚴。

　（十二）瞭解現代經濟的生產過程，樂觀並進取。

　　因此，一個現代社會裡的人大致上是心胸比較寬廣，樂觀有自信，不怕周圍環境的挑戰，相信科學工藝技術的優越性，而且也尊重個人和他人的尊嚴。

　　大多數的社會學家都相信，現代化的經驗在二十世紀的世界裡以及未來將經由文化的傳播（diffusion），由已開發的國家而傳播到未開發的國家。這種傳播的力量不是任何一個國家能夠排拒或阻擋的。而且未開發國家一經現代文化的感染就無法停滯或回歸古老的傳統生活方式。

　　現代化研究裡的聚合理論（convergence theory）相信現代化的結果會使社會與社會之間的距離縮短，社會與社會之間會發展出更多類似的特質。基本上，聚合理論是建立在兩個主要的構想上：（一）不論社會的現代化起點為何，現代化所採用的途徑為何，每個社會在現代化的努力上必朝著同一個終點方向改變；（二）不論社會在其社會現代化過程中遭遇什麼樣的挫折或衝突，其最終的成功幾乎是可以保證的；雖然有些社會達到成功的終點快些，有些社會可能會慢些。

　　聚合理論認為既然現代化過程起源於西方社會文化體系，事實上目前現代化程度最高的也是以英美法德所代表的西方社會體系；因此，任何社會只要有心步向現代化就必然朝向西方化的方向走，模倣西方社會文化的特質。換言之，已經發生在西方社會文化的許多特質也會出現在非西方社會裡。

　　雖然聚合理論裡有明顯的種族中心論（ethnocentrism）色彩，但是我們也不得不承認，西方的社會文化在傳播過程裡已移植在非西方國家社會裡。日本雖然是一個比較能保存傳統的社會，但是當前日本的外來文化成分相當多。日本經濟的資本主義精神與策略，日本人對美式棒

球的狂熱，日本婦女的地位提昇等等皆反映外來文化的衝擊，使日本向西方社會靠攏得更近一些。

我國社會傳統一直是建立在百年不變的穩定基礎上。自從十九世紀中葉開放海禁、提倡曾李的洋務運動以來，一些外來的西洋文化也傳播進入中國，成為今日中國人生活的一部分。這些外來文化，包括新式的西方教育體系、馬克斯共產思想、民主共和政體、男女平等概念等等。臺灣過去四十年來的經濟奇蹟，多多少少也跟外來西洋文化有直接和間接的關聯。中國大陸自一九七○年代以來的經濟開放措施，外來西洋文化的影響亦日益增加。

現代社會是一種理性、有效率、以及多元性的社會。因此，現代社會的人亦比較有容忍他人不同生活方式的氣慨。任何一個邁向現代化的社會必會產生上述新的現代社會的特質。

二、現代社會裡的家庭

在傳統社會裡，家庭是最主要與最基本的社會組織。家庭提供了人們許多基本的功能，例如：性慾的滿足，情感的心理支持，經濟和教育的功能等等。中國人傳統的齊家、治國、平天下的倫理思想代表著一個以家庭為基礎的社會體系，而儒家思想裡的五倫人際關係也是以家庭為中心。這種以家庭為中心的傳統社會，並不局限於中國，其他的傳統社會亦大致一樣。

在現代化變遷的過程中，家庭組織必然受到衝擊而有所改變。家庭的經濟功能逐漸由生產轉變為消費單位。家庭的生產功能逐漸為獨立的工廠制度所取代；員工的僱用也因此不再局限於家庭成員，轉向以效率準則僱用非家庭成員。家庭的教育功能同時也逐漸為獨立的學校組織來承擔。一方面因為現代社會結構複雜與多元化，家庭無法充分提供子女

所需的知識以適應新的社會結構；另一方面則因現代社會裡的單位組織強調專門化與特殊化，講求效率，家庭無法面面俱到，負擔所有的功能。尤其是要同時兼顧外在的生產功能和內在的子女教育功能，違反專精原則，效率低。

西方家庭研究者發現，現代化社會裡擁有一個共同的家庭型態：核心家庭的普遍性。美國社會學家顧德（William J. g. Goode）最早指出現代化裡的工業化特徵很適合於核心家庭的出現。他認為下面幾項核心家庭的特徵最符合工業化現代社會的要求。核心家庭（nuclear family）通常係指一個由父母與未婚子女所組成的兩代成員的家庭。

（一）工業化的現代社會裡，人們的職業和地域性的流動率大。人們隨著職業市場移動，尋找就業機會。同時，人們也可能因職位的昇遷而由一地轉移到另一地域。核心家庭成員人數少，跟其他親戚的關係也不是那麼強。因此，核心家庭的遷移流動比較容易，較適合工業化現代社會的要求。

（二）工業化的現代社會講求效率。在用人方面以能力表現為僱用標準，儘量減少私人恩怨的成分因素。傳統式的擴大家庭（extented family），人數眾多，講究人情關係，成員間的彼此照顧，私人恩怨較多，無利於現代社會的高效率。核心家庭既然不包括數目龐大的親族，在用人方面比較能夠摒棄私人因素，重視個人能力和表現。

（三）核心家庭由於只包括父母與未婚子女，因此就沒有其他長者干擾的顧慮。在傳統擴大家庭裡，祖父母或曾祖父母輩所代表的長者往往掌握家庭的權力。年輕的成員，無論能力多強，必須服從長者的決定，無法發揮個人才能。在核心家庭裡，年輕夫妻有權自做主張，無須聽命長者或徵求長者之意見。因此，核心家庭自然比較適合工業化的現代社會。（Goode, 1964）

工業化現代社會的家庭除了具有核心家庭型態之外，亦有趨向單身

家庭的新式組織。雖然，現代社會裡由結婚而組成的家庭仍然占絕大多數，但是單身者人數日漸增多，由沒有婚姻或家庭關係的單身者同居一處的戶口也同樣地在增加。單身者包括從未結婚的獨身者，也包括離婚或喪偶後而未再結婚者。傳統社會由於家庭是社會的中心，個人很難獨身而完全脫離對家庭或家族的依賴。但是今日的現代化社會，由於生活經濟上的富裕、家電消費用品的大量使用，個人在衣食住行上不必仰賴家庭或家族的支援，其他的社會制度都已能分別供應。個人的獨立性增加，單身生活也就不再是畸型或變態的家庭型態了。

單身家庭增多的另外一個重要因素是個人對隱私權（privacy）的重視。現代社會尊重個人的尊嚴，因此也重視隱私權。隱私權和西方社會的個人主義（individualism）汲汲相關，由於生活的富裕，個人可以購買僅供自己用的器具，不必顧慮到他人。甚至於在性慾的滿足上，個人也並非必須經由婚姻才可享受。無婚姻關係的性自由因此也間接鼓勵了單身人數的增加。（Burch and Mathews, 1987; Hollinger and Haller, 1990）

工業化的現代家庭的另外一個特徵是收入以個人為單位，而不以家庭為單位。而且由於生活要求水準的提高，夫婦同時在外工作的「雙職家庭」亦逐漸增加。在傳統社會裡，其經濟主要活動是以土地為中心的農業生產。農業生產需要大量的勞力，又受氣候的影響，農人必須配合氣候耕收。因此，集合全家人力勞力共同耕收，才有收穫，才能克服環境的挑戰。

但是工業化的經濟生產方式已經由機器代理，不受氣候影響，個人可以操作，而且經濟生產工具也由家庭擁有轉變為資本家擁有。因此，工業化現代社會裡的勞動者大多數都成為受人僱用者。有些社會學家稱現代社會是僱傭者社會（employee society）。家庭的收入是以勞動受僱者個人為計算單位，是個人的收入，而非家庭的收入。現代家庭成員既然

少，則夫婦同時工作增加收入就成爲必然的現象。尤其現代社會進入服務業 (service industry) 階段後，許多新的職業和工作都不局限在男性上，女性工作者受僱機會大增；因此，雙職家庭（dual career family）亦增多。

現代社會裡家庭生活方式的第四個主要特徵是家人休閒時間的延長及休閒方式的商業化。在傳統社會裡，農業生產活動需要大量的體力，更受季節的影響。因此，人們的工作時間長。現代的經濟生產方式由機器代替人工，生產效率增加，但人們工作的時間反而減少。目前，世界上大多數的已開發社會，工作時間都有顯著的減少趨向。例如，美國在一八九〇年左右，平均每人工作時間每週大約是四十小時左右，一九九〇年則已降低到三十四小時。工作時間減少也就相對地提高了休閒的時間。

同時，人們的休閒方式也改變了。以往傳統社會裡的擴大家庭，人數多，家人聚集一處聊天，講故事或唱戲都可以輕鬆一下。現代社會的核心家庭人數少，休閒活動必須仰賴外界的供應。因此，人們出外旅行，看球賽，到公園走走，逛街等等皆發生在家庭以外，由商業性的組織有系統地提供。人們休閒活動的項目自然比以往要增加很多。

總而言之，現代社會裡的家庭是以核心家庭爲中心，人數少，親族關係淡薄，注重個人的隱私權和獨立的生活方式。現代家庭經濟單位以個人爲基礎，雙職家庭增加；休閒的時間增長，方式更繁多。

三、工業化衝擊下的臺灣家庭生活方式

如果我們同意聚合理論的看法，則上述已發生在西方現代家庭的一些特徵也會傳播到現代臺灣家庭。當然，這並不是說所有西方的特徵會原封不動的搬到臺灣來。而是說，某種程度的選擇與修訂會出現在新的臺灣現代家庭。臺灣現代社會有其獨特的特徵，其現代家庭型態和生活

方式亦必然會有其特點。

　　（一）主幹家庭的家庭組織：主幹家庭是指已婚子女跟父母同居一處。傳統的擴大家庭不僅包括父母，也往往包括已婚兄弟或其他近親。我國傳統家庭倫理一直是建立在「多子多孫是福」的價值觀念上，而且也一直以「五代同堂」為家庭和諧的最高理想。雖然有些學者指出傳統中國的舊式家庭人口並不多，因此對這種擴大家庭的型態提出置疑。許倬雲（1967）指出從漢到明末，每戶人口並未超過七人。李景漢的北平郊外鄉村調查裡，鄉村家庭人口也只有4.06人。因此不認為中國傳統家庭是擴大家庭。不過，我們認為人口少並不一定就能說明擴大家庭不存在。傳統中國的嬰兒死亡率高，四口人家可能代表三代同堂。所以真正要研究傳統中國家庭是否擴大家庭，必須要計算代數，而非人口數。

　　臺灣現代家庭是不是也像西方家庭以核心家庭為主？根據一些民眾的意向調查，大多數年輕人似乎較傾向於自組家庭。例如，行政院（1989）的一項調查發現只有40.7％贊成已婚子女跟父母同住。

　　但是行政院的另一項調查（1988）卻發現在婚後五年內曾與父母同住的比率高達69.4％，可見婚後立即搬出自組核心家庭的情況並不如想像的多。而且行政院（1992）的調查也發現只有1.93％的子女認為與父母相處不融洽。陳寬政和賴澤涵（1980）認定臺灣現代家庭是主幹家庭組織大致上是對的。

　　臺灣家庭以主幹家庭居多的原因可能是受到下列幾項因素的影響：（1）臺灣都市化程度高，房價高昂。因此，新婚夫婦無法自置新屋獨立門戶；（2）臺灣經濟以中小企業商業為主，因此家庭成員共同維護事業，父子合夥的情形不少，婚後自不必搬出；（3）政府公教機構的福利（配給津貼）制度亦傾向於跟父母婚後同住；（4）臺灣的托兒所設備不全，跟父母同居可把小孩交代給他們照顧，並可同時照顧年老父母，雙方有利。

雖然臺灣目前的家庭是主幹家庭，但是趨勢仍然是傾向核心家庭。行政院（1988）的調查就發現結婚五年後跟父母同住的比率有逐漸減少的趨勢。因此，我們可以說臺灣的現代家庭是摒棄擴大家庭，正處主幹家庭，趨向核心家庭。這跟現代化的西方國家是很接近的。

（二）雙職家庭的出現：西方社會現代家庭的另外一個主要特點是雙職家庭的出現。從二次世界大戰以來，英美各國的職業婦女增加的趨勢很明顯，不僅是未婚婦女就業，更包括已婚有偶婦女以及有幼兒的婦女進入就業市場。

臺灣的情形也很相近。根據勞動力的統計資料來看，臺灣在一九六一年的男性勞動力參與率是86.4%，女性是35.8%，一九九〇年則男性勞動力參與率減低到73.9%，女性則提高到44.5%。也就是說，十五歲以上的婦女人口中，有將近一半係勞動參與者。

不僅婦女的勞動參與率提高，有偶婦女的參與率也在提昇。由表一可以看到，一九八一年的參與率是31.4%，一九九〇年則已達42.5%。而且這種高勞動參與率並不局限於尚無子女之婦女，或子女在十八歲以上近成年者，更值得注意的是有年輕或年幼子女之婦女。在表一裡我們可以看到子女在六至十七歲的婦女勞動參與率是 52.06%；有六歲以下子女的婦女勞動參與率是44.6%。可見婦女勞動參與率已非單身婦女的現象，有偶有子女者亦然。

政府的統計資料也發現，婦女教育程度愈高者，參與勞動力之比率愈高。 一九九〇年的資料顯示， 大專以上程度者之有偶婦女勞動參與率是71.2%，專科是64.9%，高中是 43.7%，國中是 39.6%，國小是41.3%，不識字是27.2%。（行政院主計處，1990）

婦女就業率提高的第一個主要影響是子女教養的問題：既然夫婦雙職就業，那麼能自己照顧子女的比率就會減低。行政院的調查指出子女由自己照顧者在一九七九年是 85.6%，但到一九九〇年則減低到 74.8%，

表一：有偶婦女勞動參與率

	平　均	子女在18歲以上	有6至17歲子女	有6歲以下子女	尚無子女
1981	31.4%	22.2	39.9	28.3	39.3
1983	35.5%	25.2	44.0	33.4	48.9
1985	39.8%	27.9	49.1	39.0	48.6
1987	43.7%	30.5	54.2	43.0	56.8
1990	42.5%	29.1	52.1	43.7	55.2

（資料來源：《社會指標統計》，民79年，頁88-89。）

交由親屬照顧，或由保姆照顧，或交寄養家庭照顧者皆有增多的趨勢。（見表二）

表二：第一個子女未滿三歲前之養育方式

	自己照顧	親屬照顧	保　姆	家庭托養	其　他
1979	85.6%	12.1	1.1	0.9	0.3
1981	84.9%	12.7	1.1	1.0	0.3
1983	80.6%	16.5	1.6	1.2	0.1
1985	78.3%	18.6	1.3	1.4	0.2
1987	77.9%	18.4	1.6	2.0	0.1
1990	74.8%	20.5	2.0	2.6	0.2

（資料來源：見表一，頁54-55。）

婦女就業率提高的第二個主要影響是職業所得之使用分配的問題。

既然，有不少的已婚婦女就業，則其所得對家庭的總收入與消費必然

會產生某種程度的影響。 美國的研究發現婦女就業絕大多數是為了賺錢。臺灣的情形似乎仍把已婚婦女的就業當做「副業」 來看。也就是說，賺錢養家並非是她們就業的最大原因。根據鄭為元和廖榮利(1985)的一項訪問調查資料分析，有一半的就業已婚婦女回答就業是為了興趣(49.9%)，只有31.2%說是為了家計。在那些為了興趣而就業之已婚婦女中，43.1%將其收入用在儲蓄置產，25.4%自己花用。甚至於在那些為了家計而就業的已婚婦女當中，也有將近40%把所得花在非家計方面的支出消費上。(1985:402-403)這項研究也同時發現: 職位高的婦女傾向於將所得主要用於「非家計」之比率高於職位低的婦女; 年輕的已婚婦女用在「非家計」之比率亦高於年長的婦女。(1985:405)

　　已婚婦女就業率增高的第三個影響關係到家庭權力和家務分工的分配情形。這一方面的資料，臺灣學術界所做的驗證研究並不多。張曉春(1974)的都市家庭主婦研究曾稍微提及已婚就業婦女的丈夫會在家務上幫些忙。伊慶春(1991)討論家庭問題時也只閒談夫婦對子女教養的問題而至於家務工時和權力的分配的驗證資料尚缺。美國的情形大致上是這樣的: 妻子在外工作後，丈夫對處理家務時間有些微的增加，但不明顯; 可是丈夫在外工作就業的時間則有顯著的減少。妻子的情況則是家務時間稍微減少，但把在外工作和家務時間兩項加起來，則有明顯的增加。換句話說，雙職家庭裏，妻子比以往更忙，丈夫則有較多的休閒時間。希望以後有學者能搜集類似資料並加分析。《中國時報》(1992)的一項婚姻關係調查問題裡有一項:「在與配偶相處時，妳最不喜歡他的地方是?」有 6.5%說是丈夫不做家事; 比率並不高。

　　由婦女每天做家務的時間來加以觀察，亦可反映丈夫對家務事的分擔。行政院主計處(1988)的一項分析發現，就業婦女平均每天做家務時間大約是三小時; 未就業婦女則約四小時。兩者相差約一小時左右。這現象跟美國家庭大約類似。因此，臺灣家庭裡家務事的分配尚未達到平

等的地位，但是比傳統的男主外、女主內的二分法要來得現代化多了是
事實。也是臺灣家庭與西方現代家庭特質聚合的一個證明。

（三）休閒時間的增長：西方國家現代化衝擊下，由於生產工具的
機械化，生產管理的合理化，以及生產物資的充裕化，大部分國家的
工人工作時間都有減少的趨勢。這種工作時間的減少，相對地就增加
了人們能夠用在休閒生活上的時間。休閒的活動自然呈多樣化，商品
化。美、日、英等現代化國家如此，臺灣的現象大致上也有類似的趨
勢。

就以工作時間的長短來看。根據行政院主計處的資料，臺灣各行業
歷年來的工作時數皆有遞減的趨勢。例如，一九九〇年礦業每人每日平
均工作時數是7.6小時，製造業是8.4小時，商業是7.8小時，服務業是
7.9小時。如表三所示，皆比一九七四年或一九七八年爲少。

表三：受雇員工平均每日工作時數

（單位：小時）

	礦　業	製造業	商　業	服務業
1974	8.2	8.7	—	—
1978	8.1	8.8	8.3	8.4
1982	7.7	8.5	8.2	8.3
1986	7.4	8.4	8.1	8.1
1990	7.6	8.4	7.8	7.9

（資料來源：見表一，頁100-101。）

工作時數減少和國民所得增加，也相對的造成休閒時間的增加。休閒
活動也自然成爲現代化社會生活素質的重要指標之一。根據內政部在一

九九二年的調查，臺灣最主要的休閒活動是看電視，有68.6％的人經常看電視；其次是閱讀書報雜誌，有35.2％；再其次是訪友聊天，有30.8％；平常聽收音機、郊遊，或做運動的人也不少。（內政部，1992:19）詳細情形，請參考表四。

表四: 平常主要從事的休閒活動（1992年）

項　　　目	百　分　比
看電視	68.6％
閱讀書報	35.2％
訪友聊天	30.8％
聽收音機	26.8％
郊遊	26.6％
運動	25.9％
逛街	14.8％
看電影	10.7％

（資料來源:《臺灣地區國民生活狀況調查提要報告》，頁19。）

　　表四所列是國民一般休閒活動情形。如果以家庭結構來分析，近年來政府舉辦的兩項民意調查可以做為參考。參與各項休閒活動的百分比，按婚姻狀況列於表五。特殊嗜好與家庭組織類別之比較則列於表六。

　　從表五可看出，在所有的休閒活動中看電視高達 98.9％，閱讀書報雜誌的亦有84％，其次為郊遊的76.8％，國內旅遊的69.1％，電影有62％。如果把未婚跟有配偶者來比較，書報閱讀和看電視仍然是主要的兩項。不過，未婚者在體育、KTV、電影及聽音樂會的百分比遠比有配偶者要高很多，大概是空閒時間多且沒有家累的原因吧。

表五: 民眾主要休閒活動項目, 按婚姻狀況分(1990年)

(單位: %)

	總數	書報	電視	郊遊	國內旅遊	國外旅遊	體育	KTV	電影	音樂
合計	14,201	84.0	98.9	76.8	69.1	12.6	53.6	32.4	62.0	58.9
未婚	4,439	97.5	99.4	89.1	71.0	9.0	69.8	54.0	87.1	72.9
有配偶	8,765	81.6	98.8	73.3	69.5	14.5	48.2	23.5	53.0	54.4
離婚	263	81.0	99.2	74.1	67.7	15.6	47.5	33.1	55.5	52.5
喪偶	734	32.2	96.1	45.4	53.7	10.4	22.9	6.7	21.1	29.8

(資料來源: 《國民文化活動需要調查報告》, 頁80。)

　　如果從吸菸、喝酒、吃檳榔等三項嗜好來比較，則國民平均每三人中一人抽菸、每十五人中有四人喝酒、每九人有一人吃檳榔；男性每五人有三人抽菸、每二人有一人喝酒，及每五人有一人吃檳榔。(內政部，1992:20)

　　表六是根據家庭組織類型來分析上述三項嗜好。單身者經常抽菸的有30.1%，偶而抽菸的有15.7%；經常喝酒者單身者有5.7%，但偶而喝酒的則高達33.8%。這兩項都是單身者比夫妻二人或其他型態的家庭爲高。吃檳榔的情形也類似。因此，不同類型的家庭並未造成太顯著的不同的嗜好。(見表六)

表六：國民最近一個月的嗜好，按家庭組織分(1991年)

嗜好 家庭型態		抽　菸		喝　酒		吃　檳　榔	
		經常	偶爾	經常	偶爾	經常	偶爾
	總數	%	%	%	%	%	%
單身	690	30.1	15.7	5.7	33.8	4.4	9.3
夫妻兩人	3,174	24.4	10.3	3.7	27.4	4.1	9.2
單親	876	21.5	10.6	2.7	22.3	3.8	7.8
核心	6,345	19.6	9.8	2.6	20.8	2.8	7.2
主幹	1,067	18.5	9.1	2.8	19.4	3.2	6.5
其他	2,182	24.4	10.9	3.5	24.8	4	9.4
計	14,334	22.1	10.3	3.2	23.5	3.5	8

(資料來源：《國民生活狀況調查報告》，頁58。)

　　(四)家庭生活周期之改變：在傳統農業社會裡，由於家族人數多，而且大多數從事農業生產。因此，家庭生活比較穩定。同時，人們的遷移流動率小。家庭生活周期的轉變比較不明顯。但是在工業社會

裡，結婚、生兒育女、教養子女、子女外出就學、子女結婚自立家庭、孫子女的出生、退休、養老、死亡等等皆有明顯的轉變特徵。發展家庭理論（developmental family theory）對這方面近年來的研究頗有貢獻。

臺灣是一個工業化的現代化國家，家庭生活周期的不同轉變特徵也逐漸成型。雖然這方面的研究並不多，可參考的資料也零碎，我們利用已知的統計資料，如初婚年齡、生第一胎年齡、兩胎之間的間距、學童年齡、子女婚後與父母同住的比例與年數等等指標，以婦女為例，繪出了圖一，顯示臺灣目前家庭由一生活周期階段轉變到另一階段的過程，以供參考討論。

四、結　論

本文的重點是強調現代化社會裡的家庭生活方式由於受到文化傳播的影響會呈類同的趨勢。根據聚合理論的觀點，一些發生在西方現代社會裡的家庭特徵也逐漸會在工業化衝擊下的臺灣家庭發生。

我們從家庭組織成員的多寡、雙職家庭的出現、休閒活動，以及生活周期的標準化角度來探討臺灣現代家庭的生活方式。

雖然如此，我們並非採取全盤西化的立場，堅持「所有」西方現代家庭生活特質通通會出現在臺灣；而且我們也不認為在那些已出現在臺灣的西方家庭生活特質是全形不變的搬到臺灣來。從本文裡，讀者可以看到在臺灣出現的新式現代家庭生活並不完全跟西方一致，它有其臺灣本土性的氣質。也就是說，在文化傳播下，同中有異的氣質相當明顯。

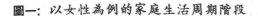

圖一：以女性為例的家庭生活周期階段

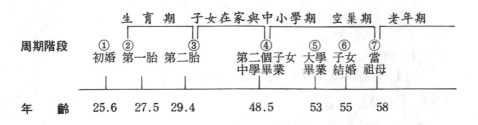

注：

① 政府資料顯示女性平均初婚年齡是25.6歲。

② 大多數的婦女在婚後兩年之內生第一胎。

③ 大多數的婦女兩胎之間的間距是2～3年，理想子女數是2～3之間。

④ 包括國小6年、國中3年、高中3年，這12年都在家，另加就學前6年。

⑤ 大學4年為準。

⑥ 子女在畢業後2～3年結婚。

⑦ 子女婚後2／3年生第一胎。

　　現代社會的一個主要成就是給人們有選擇生命機會的可能性。以往的婚姻是父母之命，現在可以自由戀愛；以往是「無後為大」，現在可以不養育子女；以往是「男主外，女主內」，現在是夫妻雙職；以往是勤勞工作，現在則同時注重休閒。這些改變都跟現代社會的特質汲汲相關。

　　臺灣已是一個高度工業化的現代社會。家庭生活方式必須配合社會，才能對社會發展有所貢獻，也才能間接地減少社會問題的嚴重性。現代社會裡也出現了一些變形的新式家庭，如單親家庭、無子女家庭、同居家庭、同性戀同居、老年家庭、再婚家庭等等。這些家庭皆有其不同的生活方式，現代社會裡的人應對他們加以尊重。因為現代社會本身就是一種多元性的社會，應能容納和允許不同行為方式的和平共存。

參 考 書 目

高淑貴、伊慶春

1988 《已婚職業婦女子女照顧問題之研究》。臺北: 行政院研考會。

楊國樞、葉啓政

1991 《臺灣的社會問題》。臺北: 巨流。

國立臺灣大學人口研究中心編

1985 《婦女在國家發展過程中的角色研討會論文集》(上下兩册)。臺北:
    國立臺灣大學人口研究中心。

國立臺灣大學編

1984 《臺灣社會變遷與發展研討會會議實錄》。臺北: 國立臺灣大學。

行政院主計處編

1992 a 《中華民國臺灣地區老人狀況調查報告》。臺北: 行政院主計處。

1992 b 《中華民國臺灣地區國民生活型態與倫理調查報告》。臺北: 行政
    院主計處。

1991 a 《中華民國八十年臺灣地區國民休閒生活調查報告》。臺北: 行政
    院主計處。

1991 b 《中華民國臺灣地區國民文化活動需要調查報告》。臺北: 行政院
    主計處。

1990 《中華民國臺灣地區社會指標統計》。臺北: 行政院主計處。

1989 《臺灣地區青少年及老人狀況調查報告》。臺北: 行政院主計虎。

1982 《臺灣地區國民對家庭生活與社會環境意向調查報告》。臺北: 行政
    院主計處。

顧雅文

1992 〈婚姻診斷書〉。《中國時報》,民81年8月16日,頁27及民81年8
    月30日,頁27。

內政部統計處

1992 a 《臺灣地區國民生活狀況調查提要報告》。臺北: 內政部統計處。

1992 b　《中華民國八十年臺灣地區國民生活狀況調查報告》。臺北: 內政
　　　　部統計處。

臺灣省社會處

1985　《臺灣省社會變遷中的家庭問題調查報告》。臺中: 省社會處。

周碧娥

1991　＜婦女問題＞，載於楊國樞、葉啓政，1991年，頁363-398。

伊慶春

1991　＜家庭問題＞，載於楊國樞、葉啓政，1991年，頁223-258。

鄭爲元、廖榮利

1985　＜你的、我的、我們的——臺灣已婚職業婦女對工作所得的支配＞，
　　　　載於《 婦女在國家發展過程中的角色研討會論文集 》（下冊），頁
　　　　391-418。

賴澤涵、陳寬政

1982　＜ 中國家庭型式的歷史與人口探討 ＞，載於《 中國社會學刊 》第五
　　　　期，頁25-40。

許倬雲

1967　＜漢代家庭的大小＞，載於《慶祝李濟先生七十歲論文集》（下冊），
　　　　頁789-806。臺北: 清華。

Burch, T. K. and B. J. Mattews

　　1987　"Household Formation in Developing Societies," *Po-
　　　　pulation and Development Review, 13:3 (Sept.), pp.
　　　　495-511.

Chen, Wen-tsung

　　1988　"Marriage Tensions," *Free China Review,* 38:12(Dec.),
　　　　pp. 16-21.

Goode, William J.

　　1964　*The Family.* Englewood Cliffs, N.J.: Prentice-Hall.

1963 *World Revolution and Family Patterns.* Glencoe, Ill.: Free Press.

Hsieh, Kao-chiao

1988 "Attitudes In Flex," *Free China Review*, 38:12 (Dec.), pp. 22-27.

Hollinger, Franz and Max Haller

1990 "Kinship and Social Networks in Modern Societies," *European Sociological Review*, 6:2 (Sept.), pp. 103-120.

Inkeles, Alex and David H. Smith

1974 *Becoming Modern.* Cambridge, Mass.: Harvard.

Levy, Marion J.

1955 "Contrasting Factors in the Modernization of China and Japan," in Simon S. Kuznet, et al., eds., *Economic Growth: Brazil, India, Japan.* Durham, N.C.: Duke University Press.

Moore, Wilbert E.

1974 *Social Change.* Englewood Cliffs, N.J.: Prentice-Hall.

Parsons, Talcott

1966 *Societies: Evolutionary and Comparative Perspectives.* Englewood Cliffs, N.J.: Prentice-Hall.

Tepperman, Lorne and Susannah J. Wilson, eds.

1993 *Next of Kin.* Englewood Cliffs, N.J.: Prentice-Hall.

Tseng, Osman

1988 "Industrialization Jolts the Family," *Free China Review*, 38:2 (Dec.), pp. 12-15.

Tseng, Yung-li

1988 "Secretive Singles," *Free China Review*, 38:2 (Dec.), pp. 28-31.

臺灣的社會福利
現代化

臺灣的社會福利現代化

一、前　言

　　最近四十年來，臺灣地區的經濟高度成長，政治的民主化運動皆有相當的成就。國民生產總額提高，國民所得增加，無論是政府或民間的財富，皆有顯著的累積增加。不僅如此，臺灣在政治層面的現代化也值得國人驕傲：戒嚴法的解除，兩岸民間交流的開放，兩黨政治體制的建立，以及言論集會的自由都是很好的例證。因此，臺灣奇蹟不僅是經濟奇蹟，而且也是政治奇蹟。經濟現代化是把國家和國民財富的提高當做目標；政治社會現代化則是把社會帶到一個民主、理性、開放的境界。

　　財富的累積在現代社會應該由全民分享，臺灣過去這四十年在所得分配上確實是把貧與富兩者之間的間距拉近了；然而這並不就等於說臺灣已經沒有需要人救濟或扶助的受難者。一個缺乏完善社會福利制度的國家，不能算是一個眞正現代化的國家。（蔡文輝，1981）

　　現代化國家裡實施社會福利之目的是在於補救社會發展中所產生的種種負面問題，也在於協助社會裡比較不幸的一群人，以提高這群人的生活素質。

　　社會福利學者杜高夫（Ralph Dolgoff）和費斯汀（Donald Feldstein）在其合著的《瞭解社會福利》（*Understanding Social Welfare*）一書中指出社會福利工作是社會裡每一個人的責任。社會福利工

作同時也是每一個人都能做到的工作。社會福利事業是針對社會病態的補救而實施的「公立或私人的非營利的社會事業」。(Dolgoff and Feldstein, 1980:91)

一個社會無論其現代化程度高或低,多多少少總是會有社會問題的。政府的任務是在協助推行和解決這些問題。社會福利事業與社會工作員相互的配合,再加上政府和民間的財力支援,雖然不能完全消除社會問題,但是至少能阻止社會問題的惡化,更能給予那些社會問題的受害者幫助與補救。

現代社會的社會福利事業包羅萬象,所服務的範圍小自臨時性的短期金錢救濟 (例如失業救濟金),以至大到全社會人民的生老病死 (例如健康保險、人壽保險等)。查士特洛 (Charles Zastrow) 細列下面十七項基本社會福利事業:

(一)為孤兒找尋住所。

(二)為酗酒吸毒者復健。

(三)為心理有問題者治療。

(四)為老年人增加生活情趣。

(五)為身心傷殘者提供職訓。

(六)為貧苦者提供救濟。

(七)為青少年犯提供自新。

(八)為解除宗教種族歧視而努力。

(九)為職業婦女提供托兒所。

(十)為家庭暴力受害者提供庇護。

(十一)為全民提供娛樂休閒服務。

(十二)為經濟上有需求者爭取健康醫療和法律利益。

(十三)為有困難者提供諮詢輔導服務。

(十四)為低能或心智不足兒童提供教育。

(十五)爲受天災地變家庭提供補助。

(十六)爲無謀生技能者提供職業訓練和就業機會。

(十七)爲少數族群之特殊需要提供福利服務。(Zastrow, 1982:4)。

上面所列舉的十七項社會福利事業所牽涉到的範圍相當廣泛。民間私人財力或政府資源分配常無法單獨執行，以提供完善的服務。因此，民間私人機構和慈善單位應該密切配合政府的政策指導，共同有效地策劃與實施社會福利工作。社會福利工作既然是針對社會問題的存在而訂定，民間和政府的配合絕不可忽視。

美國學者芬克 (Arthur E. Fink)、普法特 (Jane H. Pfouts) 以及達布斯登 (Ardrew W. Dobelstein) 三人給社會福利工作提出了下面這樣的一個概念架構，解釋各部門間的關聯和運作過程 (Fink, Pfouts & Dobslstein, 1985:105)

圖一: 社會福利政策過程

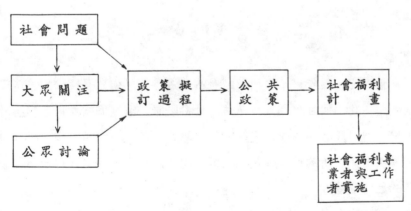

(Arthur E. Fink, Jane H. Pfouts, Andrew W. Dobelstein, *The Field of Social Work*. Beverly Hills: Sage, 1985, p. 105.)

從圖一所提示的概念架構可以看出，社會問題是導引社會福利的第

一步。但是社會問題的存在並不一定就直接導致政府的福利對策；有了社會問題，還須靠社會大眾對這問題的關注及研討。如果有問題而缺少大眾的關心，通常就表示問題的嚴重性不大，或尚未引起社會的注意。但是如果一個問題引起了大眾的關注，自然而然就引起大眾的討論與爭辯。例如，一九九三年底臺灣縣市長選舉過程中，國民黨與民進黨對發放老年年金的爭論就是一個好例子。表示這問題的討論有其必要性。

討論的結果往往影響政策擬訂的過程，最後才擬訂一般性的公共政策和社會福利計畫，並交由社會福利專業者與工作者推廣實施。簡單來說，社會福利是對社會問題的一種反應。

通常，當一個社會穩定安樂時，社會問題就少，而這些問題也可以由個人或家庭單位來應付和處理；但是社會不穩定和混亂時，社會問題往往就多而且又比較嚴重，個人或家庭無法承擔問題的解決。因此，必須集合政府和大型的民間團體來整頓和處理。也因此，社會福利事業在社會變遷時期會顯得較需要。

二、社會變遷與社會問題

最近三十幾年來，臺灣所經歷的變遷，不僅僅只是經濟的繁榮與政治的民主化，而且也在人口結構、社會階層、家庭與婦女角色等各社會結構上有了顯著的改變。這些改變將原有的舊社會問題更趨惡化，也同時導引出來了新的社會問題。在這一節裡，我們將簡單介紹幾項比較顯著的社會變遷。

（一）人口結構上的兩個重要轉變

臺灣人口在這三十幾年間的變化，有些相當明顯，是人所眾知的；有些則比較含糊或為人所忽視。最常見於報章和學術刊物的人口變遷是

臺灣人口數目的增加。以臺灣面積之狹小要供二千多萬人口的食、衣、住、行，實在是一項負擔。雖然臺灣對家庭計畫的實施早在一九六〇年代就開始，而且頗有績效；人口出生率逐年下降，但是臺灣人口的增長在有限的地域上仍顯得過多。

　　摒開人口的增加不談，臺灣人口轉變的二項特徵可能要算人口年齡的老化（aging population）與人口的高度都市化（urbanization）了。人口的老化可以從人口生命餘命（life expectancy）上來看。人口生命餘命係指某一年度初生嬰兒在當時的社會環境條件下可能活到的歲數。舉例來說，民國七十四年男的生命餘命是七十一歲，這是指該年出生的男嬰預期可以活到七十一歲。通常，一個社會裡人口生命餘命愈長，則表示該社會的生活品質愈進步。因此，高度開發的國家之人口生命餘命要比低度開發國家要長。像日本、挪威、瑞士、西德等國家就比中國大陸、印度、埃及要長得多。（徐麗君、蔡文輝，1985）

　　以臺灣的例子來看，一九六二年時的生命餘命是男 63.19 歲，女 67.52 歲，到一九九一年底男性已達 71.52 歲，女性 76.97 歲。換句話說，在不到三十年間，臺灣人口男性增加了八年的生命，女性則延長了九年多。人口生命餘命延長，老年人口比例就增加，臺灣人口六十五歲以上者在同一時期內由總人口的2.49％增加到6.52％。

　　生命餘命的延長和老年人口的增加雖然代表臺灣社會生活環境的進步，但它同時也帶來了新的社會問題，即老年人口扶養的問題。一九六二年六十歲的老年人口男性平均只能再活14.06年，女性多活17.74年，一九九一年則男性六十歲老人可再活18.36年，女性則高達20.80年。換句話說，這些老年人大致上可以多活將近二十年。如果以六十五歲為退休年齡，則大致有十五年空閒時期，需由社會勞動人口來扶養。

　　老年人口的增加和老年福利之建立因此成為臺灣近年來社會變遷的主要徵象。（行政院主計處，1992）

　　臺灣人口結構的另外一個重要轉變是都市人口的增加。臺灣土地面積小，人口多，擁擠是必然的現象。再加上臺灣大部分土地屬於山地，平地小。因此，人口集中高度密集，也就見怪不怪了。

　　都市化程度高 是近年來臺灣 人口變化中帶 來最大負作用 的變遷之一。根據王維林的估計，臺灣十一大都市人口的增加速度遠比總人口的增加速度要來得快，而且臺北市和高雄市的兩大都會區人口增加之速，更是令人注目。這兩個大都市的人口現在皆已超過百萬以上。如果把居住在臺北縣和桃園縣居民到臺北市上班、採購、玩樂或上學的流動人口估計在內，臺北市的白天人口數量更是擁擠，高雄市亦然。

　　人口集中都市是開發中國家和已開發國家常見的社會現象。其原因很多， 主要包括：（1）都市就業機會多， 工業化過程中新建的工廠大多數在大都市內或其外圍。 因此， 鄉下農民移往都市尋找出路。 工業化後期服務業增加， 也大多數集中在都市內， 都市就業機會自然多；（2）都市生活多姿多彩， 吸引年輕人遷往都市， 娛樂休閒設施， 醫療健康服務大多數集中於都市： 都市較具吸引力； （3）都市裡的教育文化事業比較發達， 父母為子女教育著想， 大多願意遷往都市；（4）都市房租雖貴， 但設施現代化， 也較舒適， 有錢者在經濟成長下，不怕多花錢， 搬遷至都市。（王維林，1983； 蔡文輝， 1993； 葉啓政、楊國樞，1991）

　　臺灣高度都市化的結果牽引出了不少的社會問題，環境的污染、犯罪率的增加、房屋數量的不足、垃圾處理問題、交通的擁擠等等都需要政府和大眾的關懷。

（二）新中產階級的產生

　　臺灣這四十年來的急速工業化對臺灣的社會階層結構也有了顯著的改變。一方面是農業人口的逐漸減少和工業人口的增加；另一方面則是傳

統的士農工商階層體系已經消失，代之而起的是商工仕農的層次階梯。

　　工業化的結果創造了新的就業機會。例如，一九六二年的就業人口大致上是總人口的 29.8％，但到一九八五年已提高到 38.8％。在就業人口中，農業人口在同一時期由49.7％降至17.6％，而工業人口則由21％增至42.3％，服務業人口也提昇至40.1％。（行政院主計處，1985:14）

　　類似的改變也可以在職業類別上看出。例如，一九五一年的專門性、技術性及有關人員占總就業人口之2.4％，但到一九八五年則已增至6.1％。同時期內其他各種職業人口比例的增減情形是：行政及主管人員由0.4％增至 0.8％，監督與佐理人員由5.7％增至13.6％，買賣工作人員由 10.4％增至 13.7％，服務工作人員由 6.3％增至 8.4％，生產及有關工人、運輸設備操作工人及體力工人由 18.8％增至 40.1％。只有農林漁牧及狩獵人員由 56.0％降至 17.3％。（行政院主計處，1986:288-289）

　　根據行政院的統計顯示：行政及主管人員的平均所得最高，大約是二萬六千七百元，最低資是農林漁牧的相關人員，大約是九千二百二十九元。若以該年的男女薪資差距來看，則男性平均薪資是一萬三千八百七十六元，女性則只有九千零八十八元。換句話說，女性收入大約是男性的三分之二。從教育上來看，則教育程度愈高，平均薪資愈高，在統計資料上亦是很清楚的。（行政院主計處，1985:154）

　　社會學上對社會現代化的一種解釋是社會流動率的增加和社會階層的重新安排。在傳統社會裡，社會階層受家族地域的影響而被固定和封鎖，但在工業化社會則會轉向開放並有新階級的出現。臺灣的高度經濟成長，造成了一批新的中產階級，屬於中富和小康家庭的人口。在臺灣，這批中產階級大致上是包括教育界、企管界、專技人員、黨政軍中級幹部以及中小商業界人士。社會學家許嘉猷估計這批人大約占全部人

口的28.4％。（許嘉猷，1985)魏鏞則在其主觀研究調查上發現高達53％
的人自認是屬於中產階級。（魏鏞，1986）

這批新出現的中產階級有相當程度的教育、有固定的薪資所得與收
入，他們樂觀進取，努力工作與敬業，而且同時也注意到生活品質的提
昇。 他們一方面是臺灣以往經濟成長的積極參與者， 另一方面卻也是
目前和未來臺灣社會政治改革的推動者。他們敦促政府重視環境保護問
題，也監督政府舉辦社會福利事業。

（三） 新家庭倫理的產生

這四十年來的工業化也直接間接地影響了臺灣的家庭結構。傳統的
父母之命、 媒妁之言的宿命論婚姻在臺灣可以說已經完全消失。 父母
對子女的婚姻雖然仍有相當權威的影響力，但已經不再具絕對性的決定
權。婚前青年男女的來往、約會、談戀愛，以及自由擇偶的行為方式已
為社會所接受，而且也制度化成一種社會的理想。

傳統多子多孫是福的價值觀念，在今天的臺灣也已經不再是那麼強
烈，尤其在教育水準普遍提高後，小家庭型態已廣為人們所接納。政府
所做的調查資料顯示，臺灣十五歲以上女性之理想子女數以二個到三個
為最理想，大約有四分之三的十五歲以上女性希望有二至三個子女。

臺灣家庭變遷的另外一個指標是婦女走出廚房直接進入勞動市場工
作。不僅是未婚婦女如此，已婚婦女也是如此。甚至於家有幼子的婦女
也參與勞動。婦女勞動參與率在一九八五年時是 39.84％。其中尚無子
女者與有子女六至十七歲者之有偶婦女幾達半數。臺灣婦女一般是希望
保持家庭為主的傳統觀念，同時也希望能積極做事賺錢。可見臺灣的雙
職家庭 (dual career family) 型態已成形。

此種新式的家庭型態也導引出幾個社會必須加以注意的問題。

(1) 青年擇偶問題: 既然年輕人被允許挑選伴侶，那麼如何提供認

識交往的機會場所？如何引導合乎社會規範的交往戀愛過程？該不該勸導婚前性行為？婚前懷孕的處理問題等皆必須受到社會的重視。

（2）婦女就業問題：婦女應該挑選那種職業？工作場所男女職員來往的規範如何？婦女就業所得薪資處理問題？家庭子女和丈夫關係如何保持？家務事與工作的合理分配等都是新問題。

（3）年老父母扶養問題：傳統子孫滿堂的家庭型態已逐漸消失。一方面是孫子的數目在節育的價值觀念下少了，另一方面則是子女婚前遷出或為工作而遷往外地，兩種原因使得老年人只能自保，無法依賴成年子女的照顧。社會必須為老年人提供新的福利與服務。

（4）新式家庭變形的處理問題：例如單身未婚家庭，單親家庭，離婚者，同性戀，「內在美」（指妻子留居美國）或小留學生在異地的照顧問題，婚外情等等都是社會問題。

毫無疑問地，臺灣自一九五〇年代以來的工業化給臺灣帶來了高度的經濟成長，也提高了臺灣人民的經濟生活。但是它也牽引了臺灣社會的變遷，並導致了新的社會問題。社會學家通常相信，穩定的社會是建立在社會內部各單位體系的融合協調。在傳統社會裡，由於社會規範的明晰，社會變遷的速度較慢。因此，一旦社會內部失去協調，傳統的根深蒂固的價值系統和社會規範具有足夠的力量加以補正，回歸常態。但是一旦社會變遷速度太快，傳統的約束力失去其協調補正的功能，因此社會問題就顯得嚴重。臺灣的社會今日正處於此種狀態。

三、臺灣的社會福利事業

（一）社會福利政策

中華民國自辛亥革命成功地建立民國政府以來，國父孫中山先生的

三民主義一直是建國和治國的指導原則。民族主義的目標是建立中國人在國際上的國格和民族自尊心；民權主義的理想是建立一個以憲法為根據的民治的政府，為民服務，保護人民；民生主義的目標是民享，讓全國人民在一個富強康樂的社會環境裡過日子。

因此，國父的民生主義也就成為中華民國的社會福利政策的指導原則。在民生主義第二講裡面，國父說：「民生主義能夠實行，社會問題才可以解決。社會問題能夠解決，人類才可以享受幸福。」國父認為社會上的各種變態都是因為民生問題沒能解決的後果。民生主義的目的就是要能把社會上的財源平均分配。實行民生主義的辦法一方面要留心和救濟農民的痛苦和擡高農民地位，另一方面要提倡工業並減少勞工階級的失業和受資本家剝削的情況。國父以平均地權來解決農民問題和增加糧食生產，再以實業計畫來發展工業和節制資本。

國父認為社會福利是國民應享的權利。除了均富以外，他也舉出四種人應享權利而不須盡義務：

> 其一，則為未成年人。此等人悉有享受地方教育之權利；其二，為老年人。此等人悉有享受地方供養之權利；其三，為殘疾之人，有享受地方供養之權利；其四，為孕婦，於孕育期內，免一年之義務，而享有地方供養之權利。

國父的社會福利理想，在他的民國元年的〈社會主義之派別及方法〉一篇講詞中有十分精闢的表達。他指出新創建的中華民國應幼有所教、老有所養、分業操作，各得其所。在教育方面，凡為社會之人，無論貴賤，皆可入公共學校，公家任其費用。卒業以後，分送各處服務，以盡其能。在養老方面，則廣設公共養老院，收養老人，供給豐美使之愉快而終其天年。在醫療健康方面，設公共病院，以醫治之，不收醫治

之費。其他如聾啞殘廢院，以濟大造之窮；公共花園，以供暇時之戲，官吏與工人，各執一業，但無尊卑貴賤之分。

蔣中正先生在其所著的《民生主義育樂兩篇補述》中更把國父的理想更進一步發揮詮釋。他提出：在兒童問題方面，必須籌劃一些主要的兒童福利事業，如：公立婦產醫院、兒童教養院、托兒所、兒童保健所。在疾病殘廢問題方面，要注意生理和心理兩方面，提高國民生活水準，普及國民衛生，普設治療機構，實行疾病保險。在鰥寡孤獨問題方面，設立游民習藝所與乞丐妓女收容所，政府應與工廠礦廠合作解決這些問題。在老年問題方面，主張實行養老金制度，設養老院，注意老人喪葬的妥善安排等。

我國在一九一二至一九四九年之間，由於連年戰亂，內憂外患交加，再加以國困民窮，社會福利事業完全無法舉辦。國父建國時期的民享理想根本不存在。一般人民自求溫飽，為生存而掙扎，餓死、病死街頭者到處可見。而社會的貧富差距更日趨擴大。中國仍然是一個極窮的國家。

政府遷臺初期在中共侵臺威脅的陰影下，總以軍事國防第一。社會福利事業亦無法展開。所幸，聯合國兒童基金會提供臺灣人力與財力的支援，尤其是在兒童的健康、疾病、營養、教育以及扶助救濟方面擴展民間福利工作。據估計，在一九五〇至一九七二年間，聯合國運用在臺灣這方面的經費高達美金一千五百六十五萬元左右。(Tsai and Chang, 1985) 這些項目之補助經費，在我國於一九七二年底退出聯合國以後就中斷了。

然而，一九七〇年代的臺灣經濟已經到了起飛的階段，政府在財政上已能負擔起更多的社會福利事業。同時為了穩定民心和社會，政府亦願意積極推廣社會福利事業。從一九七〇年代臺灣連續通過的社會福利方面的立法件數，就能看出政府在福利政策的積極性。

表一把政府遷臺以來已正式通過的幾項重要社會福利法案依通過年

代列出，供讀者參考。

表一: 重要社會福利法案年表

法 案 名 稱	通 過 年 次
1.兒童福利法	1973
2.老人福利法	1980
3.殘障福利法	1980
4.社會救助法	1980
5.勞動基準法	1984
6.農民健康保險法	1989

（資料來源: 臺北市政府社會局編，《社會福利法令彙集》，1986;
內政部統計處，《中華民國八十年內政統計提要》。）

　　臺灣的社會科學家大多數都同意，一九六一年是臺灣社會變遷的轉捩點。在一九六〇年代初期,臺灣的經濟由農業轉到工業; 由反共與市民文學轉進到現代與鄉土文學階段; 由農業傳統階級轉向工商社會的流動型社會階層; 軍事由反攻大陸前提轉而鞏固保衞臺灣。(《中國論壇》,1985)

　　如果我們同意上述的觀點，則社會福利立法比社會變遷至少晚了十年。如表一所顯示，臺灣第一項直接關於兒童福利的法案一直到一九七三年才通過。而老人、殘障、社會救助法等三項主要立法更遲至一九八〇年才通過。而工業化過程中最主要的角色: 勞工,所需的勞動基準法則一直拖到一九八四年。農民健康保險一直等到一九八九年才通過實施。

　　政府對社會福利事業立法如此拖延的因素很多。主要的原因包括: 第一，政府在一九四九年遷臺初期並未認同臺灣。臺灣只不過是過渡時期的反共基地,人民福祉並不在政府考慮之內。第二,一九五〇年代政府的目標是軍事國防,無暇顧及臺灣人民之生活品質的提昇。第三,即使到

一九六〇年代初期,政府的發展重點在於工業化與經建計畫,社會福利並未包括在內。第四,執政者當局及其領導人物眼光狹窄,無視於一般人民的福利。第五,政府經費來源有限,除了軍事國防以外,所剩無幾。

這種對社會福利的忽視一直到一九八〇年代才有了明顯的轉變。主要的壓力來自臺灣退出聯合國以後的孤立和危機感。外交既被孤立,中共的軍事威脅仍然存在;政府在一九七〇年下半期以後逐漸把穩住臺灣局面做為施政重心, 以加強人民的社會福利為訴求, 爭取臺灣人民的支持。另外,中共在一九七〇年代下半期以後的開放政策,對外開放門戶,對內搞活經濟的鄧小平思想路線也間接影響到臺灣執政當局的相應政策。所謂「經濟學臺灣、政治學臺北」的口號就在這種情況下出現。

導致政府重視社會福利立法的另外一項激素是立法機關和民意機關新領導分子的出現。增補立委大多數皆有本土的草根性,對臺灣本土的認同程度大。 這批人在國會裡為選民爭取利益, 替社會上稍不幸者發言,使執政的國民黨不得不注意到社會福利。這批新進增補國會議員爭相為社會福利的發言的另外一個原因是一九七〇年代至一九八〇年代中葉,政治和國防軍事並未開放,也不准國會議員批評或監督,因此新進議員無重要政策可爭,只有轉向社會福利,以爭取選民的支持。

一九八〇年代的臺灣社會充滿了衝突的危機。 在經濟富裕以後,人民轉而爭取非經濟層面的高生活品質。街頭上的請願自救運動和抗爭幾乎成為每天報紙上的頭條新聞,勞工、農民、原住民、客家人、環保團體、退休軍人、婦女團體、政治受難者等等都直接間接地參與街頭運動,為各個團體爭取利益。

一九八〇年代的社會福利立法就是在上述種種原因和環境下陸續通過的。

（二）社會福利措施

社會福利立法是社會福利政策的依據。從上一節的討論裡，我們知道臺灣在社會福利立法上起步較晚。但是這並非說在民國六十九年以前就毫無社會福利。除了聯合國方面來的兒童福利工作，美援剩餘農產品運臺也救濟了不少貧窮人家。

表二是一份行政院研考會的報告，將歷年來我國在臺灣的各項福利事業措施一一陳列，包括社會保險、社會救助、生活扶助、醫療補助、急難救助及災害救助等項目，而所服務的對象亦涉及兒童、老人、殘障、勞工以及婦女等。最近幾年來，政府又增加了農民保險、失業工人的轉業輔導，及保護消費者之立法等。因此，政府的福利措施包括了社會上的每一個階層，每一種行業，甚至於可以說惠及社會裡的每一個人。

雖然如此，臺灣的社會福利措施還是顯得有點雜亂無章、系統紊亂，看不出一套循序漸進的模式，顯得有頭痛醫頭，腳痛醫腳的困境。有許多福利措施早已實施了多年卻於法無據。更缺乏一套有系統的規劃：各種福利措施常有重疊的現象，也有脫節的毛病。

這種紊亂的社會福利措施在福利經費支出方面也可看出。雖然從表面上來看，政府每年編列的社會福利支出逐年增加，但其真正效果卻值得商榷。而且如果把社會福利支出在政府總預算裡跟一般政務支出、教育科學文化支出或者經建及交通支出等等相比較，則社會福利支出皆低於上述幾項。

行政院經建會的報告也指出，政府社會福利支出其實絕大多數是花在社會保險上，約占全部60％左右，真正花在福利救助上的經費實在少而又少。（行政院主計處，1990）

另外一個相關聯的困境是社會福利工作人員的專業訓練問題及任官

資格問題，到目前仍然沒有做妥善的解決；以致社會工作人員流失頻率高，無法產生敬業的精神。經費的困難和執政者的認知錯誤是造成這現象的主因。

表二：我國目前社會福利制度

福利項目	法令及主管機關	財　源	保障對象	救助方式	執行成果
1.社會救助	社會救助法。內政部社會司。	社會福利基金、各級政府預算、民間捐獻。	低收入民眾及急難災害民眾。	生活扶助、醫藥補助、急難救助、災害救助。	經常生活補助約3萬戶；施醫年約門診26萬6千餘人次，住院87萬餘日次，急難救助年約4萬餘戶，救助災民視災害發生多寡而定。
2.福利服務	兒童、老人、殘障福利法及勞工福利衞生安全等有關各法。內政部社會司及勞工司。	社會福利基金、職工福利金、政府預算、民間捐獻。	兒童、老人、殘障勞工。	收養無依貧苦民眾，改善老人、兒童、殘障、勞工福利。	收養5萬餘人。

（資料來源：行政院研考會，《我國社會福利定義與範圍之研究》草稿，民75年，頁36。）

四、臺灣社會福利之展望

從上面的討論裡，我們不難發現我國以往社會福利之癥結所在:

(一)社會福利法案立法過程遲緩，無法真正反映社會問題之癥結，或提供可行的解決方法。

(二)社會福利法案往往訂立在社會福利措施之後，因此無法發揮領引與指導的功能。相反地，新法案往往成為已實施多年的福利措施的絆腳石。

(三)由於缺乏有效法案的支持，各個社會福利措施，彼此間缺乏有系統的協調，不僅造成人員和財力的浪費，而且彼此牽制，妨礙計畫之推行。

(四)社會福利經費缺乏，同時社會保險負擔太重，造成其他福利事業之無法兼顧。

(五)在各種社會福利措施實行前缺少科學性研究分析的準備工作，實施後則更無合理的一套評估標準，以致社會福利措施牽制於政治上風吹草動的不穩定的現象。

臺灣未來的社會福利事業因此必須針對上述缺陷加以修正。社會福利必須要有整體的規劃，也必須要有長遠的計畫，才能發揮其效果。社會福利事業是非營利的事業，它雖然是不賺錢的事業，但卻不是賠錢的工作。因為社會福利若辦得妥善，加強社會整合力，間接的支援和推動經建的發展。因此，社會福利支出不是浪費的揮霍，而是經建的間接投資。

社會福利的目標既然是以幫助社會裡比較不幸的一群人為目的，也以解決或減輕社會衝突和社會問題為目的，則社會福利政策就必須緊緊配合社會變遷而籌劃。以臺灣地區近年來的社會變遷性質來看，下面幾

項社會福利事業應是未來的重點目標:

(一)老人福利的加強: 臺灣老年人口的增加趨勢是相當明顯的。根據政府的統計資料，老年人多數對目前的生活各方面皆滿意，但這並不是說老年人的福利就不必顧慮到。政府在一九八〇年通過的「老人福利法」，其意雖美，可惜缺陷多，無法發揮該法案之精神。目前內政部正考慮加以修改，是正確的目標。

(二)職業婦女福利的提供: 一直到目前為止，政府對婦女福利政策仍然是在嬰兒起步階段。婦女就業已成事實，因此對婦女福利的規劃必須儘早完成。

(三)勞工問題的保障福利: 以往臺灣 的發展過程 中過分偏愛企業界，對勞工福利很少注意。但是目前在勞工密集的工業遷移到大陸的情況下，臺灣勞工高不成、低不就的困境應該加以疏導，對勞工工資的保障，基本福利的提供都不能忽視。勞工福利雖然是包羅萬象，但是以臺灣今後的發展來看，工資的保障、勞資糾紛的調解、失業的救濟應該是三項最重要的工作。

我們在這裡提出老人福利、職業婦女福利以及勞工福利為未來我國社會福利的重點工作。其他如兒童福利、殘障福利、醫療衞生福利事業是必須重視的項目。但是這些項目跟上述三項比較，似乎可以稍延擴充推廣。

中華民國在臺灣地區毫 無疑問地已建立了 一個富裕的社會 。 事實上，中華民國在臺灣的經濟成就已遠超過國父當年民生主義的理想。旣然已經不窮，那麼我們未來的目標應該由民富轉昇到民享民樂的境界。

在本文之第一節，曾提出了一個概念架構 （見圖一），指出社會福利計畫之前必須考慮到社會問題之性質與大眾關注與討論對政策擬訂的輸入作用。同時也應該注意到計畫實施工作者之運用。如果我們能前後兼顧，再加以充裕的國家財富的配合，我國未來社會福利事業才可有所

為。成功的社會福利不僅可以維持社會的安寧，也可推動經濟更高層次的發展與成長。

參　考　書　目

王維林

1983　＜自人口學觀點看我國都市社會＞，載於朱岑樓主編，《我國社會的
　　　　變遷與發展》。臺北：東大。

行政院主計處

歷年　《中華民國統計年鑑》。臺北：行政院主計處。

歷年　《中華民國社會指標統計》。臺北：行政院主計處。

歷年　《臺灣地區國民對家庭生活與社會環境意向調查報告》。臺北：行政
　　　　院主計處。

行政院經建會

1983　《我國現行社會福利與福利支出》。臺北：經建會。

中國論壇編輯委員會

1985　《臺灣地區社會變遷與文化發展》。臺北：中國論壇社。

呂玉瑕

1984　＜社會變遷中臺灣婦女之事業觀＞，《中央研究院民族研究所集刊》
　　　　50期，頁25-66。

中國國民黨中央委員會黨史委員會編

1981　《國父全集》。臺北：中國國民黨。

許嘉猷

1985　＜臺灣的社會階層＞，《中國論壇》240期，頁41-46。

楊國樞、葉啓政主編

1984　《當前臺灣社會問題》。臺北：巨流。

蔡文輝

1981　＜臺灣的經濟發展與社會問題＞，《時報周刊》188期，頁20-22。

1993　《社會學》。臺北：三民。

蔡文輝、徐麗君

1985　《老年社會學》。臺北：巨流。

魏　鏞

1986 ＜向穩定、和諧、革新的道路邁進——從六次民意調查結果看政治
發展趨勢＞。臺北：行政院研考會。

Dolgoff, Ralph and Donald Feldstein

1980 Understanding Social Welfare. N.Y.: Harper & Row.

Fink, Arthur E., Jane H. Pfouts and Andrew W. Dobelstein

1985 The Field of Social Work. Beverly Hills, C. A.: Sage.

Tsai, Wen-hui and Ly-yun Chang

1985 "Politics, Ideology, and Social Welfare Legislation in
Taiwan," *Journal of Sociology*, No. 17 (Nov. 1985), pp.
233-261.

Zastrow, Charles

1982 Introduction to Social Welfare Institutions. Homewood,
ILL.: Dorsey.

臺灣的民主化運動

——論一九九〇年代的三項選舉

臺灣的民主化運動

——論一九九〇年代的三項選舉

一、前　言

　　西方政治學家對經濟發展與民主政治的發展這兩者的關係論點並不一致。一九七〇年代以前的政治學家大都認爲只有民主的政治體系才能發展出持續的經濟發展。持這種理論的學者指出在西方政治系統裡，民主政治國家的經濟發展遠遠超過共產國家，而且大多數的低度開發國家都是極權或專制政治。因此，這時期的西方政治理論堅持民主政治是經濟發展先決必備條件的說法。

　　但是從一九七〇年代以來，由於南韓、新加坡、臺灣的高度經濟成長，一批新的西方政治學家開始懷疑民主政治是經濟發展的先決論的論點。他們認爲在低度開發國家裡，一定要有一個堅強的政府來制訂與推行經濟發展的策略。民主政治並不適合初期的經濟發展。南韓、新加坡、臺灣這三個高度經濟成長地區皆有一個專制政府。但在這專制政府有效率的政策下，它們的經濟發展具有全盤性、前瞻性、以及時效性。因此，一種強有力的政府才是經濟發展的必備先決條件。

　　這新的一批學者同時也發現，民主政治的推行在經濟成長後出現是必然的。因爲當一個國家由窮而富以後，人們所追求的已由經濟生活和物資享受而提昇到人性尊嚴與政治參與的追求。在這種情況下，專制的政府必然成爲人們攻擊的目標，也必然逐漸地要爲民主政治所取代。南

韓與臺灣在一九八〇年代皆發生過幾次激烈的政治請願運動，就由此時期開始逐漸地邁向民主政治。

臺灣政治民主化的一項重大轉捩點應該是一九八七年蔣經國先生宣布的開放黨禁。雖然民主進步黨（簡稱民進黨）早已在一九八六年成立，但其活動被視為非法。黨禁的開放，不僅使民進黨合法化，而且也製造出了數目不少的政黨。根據內政部的統計，截至一九九二年底，備案之政黨已有七十二個。民進黨是所有在野政黨中最具實力者，它在一九八九年的三項公職選舉中均有斬獲，在國會的運作上也形成一股不可忽視的力量。

一九九〇年代的臺灣可以說是真正走向民主化的一個關鍵年代。一九九一年戒嚴法的解除和一九九二年的第二屆國民大會會員代表的選舉都有其歷史意義，一九九三年底的縣市長選舉，以及一九九四年省長及北高兩市的市長選舉，甚至於未來的總統由人民直選皆是臺灣真正成為民主國家的幾項大突破。本文的重點在於九〇年代已舉辦的三項選舉的分析。

二、一九九二年的第二屆立委選舉

對於任何一位關心臺灣的中華民國民主政治運動的人士來說，民國八十一年底的第二屆立法委員的選舉具有歷史上的重大突破的意義。這一次的選舉不僅是政府遷臺以來首次由臺澎金馬地區公民全額選舉立法委員，而且也代表萬年國會時代的結束。經過這一次的立法委員的選舉，再加上一九八九國民大會代表的選舉，中華民國的立法機構已真正是一個具有民意基礎，也能代表民意的民主憲政的主要角色。正如林洋港先生在選舉後所說的，這次立法委員的選舉代表以往行政院獨霸時代的結束，不再是行政院獨來獨往、強姦民意的時代了。

　　林洋港先生的這一席話不僅是肯定這一屆立委選舉的歷史性意義，而且也是針對民進黨席次的增加而發出的無奈感。國民黨全面操作國會的可能性，在民進黨的壓力下，已逐漸地減低。中華民國的國會經過這一次的立委選舉已具有兩黨政治的格局。雖然國民黨仍然是執政黨，但是毫無疑問地，民進黨是一個強有力的反對黨，負起監督政府的角色。

　　第二屆立法委員選舉是在民國八十一年十二月十九日舉行，當天風和日麗，雖然是十二月下旬，氣溫仍然暖和。民眾參與投票相當踴躍，當天的投票率高達 72.02%。全部投票及開票過程在當晚九時五十分順利完成，產生一百六十一位第二屆立委；他們於民國八十二年二月一日報到，並於完成宣誓後就職。

　　經由票選產生的一百二十五席區域和山胞立委中，國民黨得到八十席，民進黨得到三十七席，中華社會民主黨一席，無黨籍七席；依政黨得票比例分配的不分區立委席次，國民黨十九席次，民進黨十一席；同樣依政黨得票分配的僑選立委席次，國民黨四席次，民進黨二席。總計，國民黨得一百零三席，占總席次64.0%；民進黨有五十席，占總席次31.1%；社民黨和無黨籍共八席，占4.9%。

　　如果從得票比率來分析，則第二屆立法委員選舉，經由票選的國民黨候選人得票率是60.5%，民進黨是31.9%；社民黨及其他政黨得票率是1.9%；無黨籍占5.7%。

　　第二屆立委選舉政黨得票率及席次詳細統計分項列於表一，以供讀者參考。

　　這樣的選舉結果，完全出乎各界事前的預料之外，國民黨負責籌劃選舉的祕書長宋楚瑜先生在確定執政黨挫敗後，向李登輝主席引咎辭職，民進黨主席許信良先生在選後也表示選舉的結果比他預料的好得太多。林洋港先生說，選舉的結果造成滿地都是跌破的眼鏡，而國民黨的各地黨工更是人人自危，有隨時會被炒魷魚的厄運。

表一：1992年立委選舉政黨得票率及席次

政黨別	區分	候選人數	得票數	比率%	當選人數	政黨得票率%	不分區當選數	僑選當選數	席次占有率%
國民黨	推薦	125	5,031,259	53	73	61.7	19	4	59.6
	自行參選	43	710,203	7.5	7				4.3
	合計	168	5,741,462	60.5	80	61.7	19	4	64
民進黨	推薦	59	2,944,195	31	37	36.1	11	2	31.1
	自行參選	8	78,638	0.8	0				0
	合計	67	3,022,833	31.9	37	36.1	11	2	31.1
社民黨		22	126,213	1.3	1	1.5	0	0	0.6
真理黨		5	6,545	0.1	0	0.1	0	0	0
其他政黨		15	49,538	0.5	0	0.6	0	0	0
無黨籍		71	542,714	5.7	7		0	0	4.3
總計		348	9,489,305	100	125	100	30	6	100

注：1.本表資料係本報記者採訪所得，如有出入應以選委會公布者為準。
2.自行參選部分含因參選被敵開除黨籍者。
3.政黨推薦部分以選舉公報為準。

（資料來源：《中國時報》，民81年12月20日。）

　　幾乎每一個選舉的觀察家都同意，國民黨雖然贏了席次與得票率，但國民黨仍然是輸家。國民黨在民國八十年底的國代選舉中大勝，掌握了修憲的主導權，配合行政與立法的絕對優勢資源。這一年來國民黨可謂是完全掌控了國家發展的步驟與方向。而且，臺灣這一年來的經濟雖然在世界不景氣的衝擊下和開放國內市場的壓力下，仍然有緩慢的成長。照理說應該不至於讓執政的國民黨在此次的立委選舉受到挫敗，其原因實在值得分析。

　　有人說，民進黨之所以獲得出乎預料的支持是因為其所提出的「福利國家」的政策概念獲得人民的肯定。不錯，此次選舉過程中，民進黨已降低主張臺獨的訴求，改以比較溫和的「一中一臺」的隔離主張，但是其他的政見事實上和國民黨的候選人相差不多。民進黨所提的「福利國家」的理念不僅流於空洞，而且國民黨候選人在福利方面的政見還比民進黨候選人更確實具體。如果我們把兩黨的政見按其重要次序排列來看，國民黨方面是：(1)勞工權益，(2)環保政策，(3)全民健保，(4)加強教育質量，(5)婦女權益，(6)農民權益，(7)增建國宅，(8)稅負公平，(9)老人福利，及(10)殘障福利。而民進黨方面，其候選人政見排序包括：(1)一中一臺，(2)減稅，(3)開放電視頻道，(4)住者有其屋，(5)勞工權益，(6)落實社會福利，(7)反金權、反特權，(8)精兵政策、加強國防，(9)婦女福利，及(10)農民權益。單從兩黨政見來比較，實在看不出民進黨「福利國家」的主張。因此，民進黨政見獲肯定而獲勝的說法並不正確。

　　也許，我們對此次立委選舉的結果，可以看成是國民黨自己把選舉輸掉了，而非真正是民進黨贏得了民心而獲勝。幾個地方都可以看出國民黨的自亂陣腳。窩裡反的現象是國民黨挫敗的原因。

　　首先，最值得爭議是國民黨的提名作業太過分重視地方派系和金牛背景成分。國民黨提名競選的有九十七名，報准參選有二十七名，而自

行參選者（這種行爲過去往往是所謂違紀競爭者）四十三名。嚴格地來講，國民黨正式提名而獲勝當選者只有六十二名，當選率是 63.9%。以國民黨組織的力量和嚴格的配票制度，而竟有36.1%的提名者無法獲選。提名制度之不反映一般人民和基礎黨員的意願是嚴重的事實。幾位沒有黨支持也沒有財團支援的王建煊、趙少康、周荃、謝啓大，都能高票當選。尤其趙少康在臺北縣以二十多萬票的超級高票當選，王建煊以十一萬多的第一高票在北市北區當選而拉走了無數國民黨應得的票，也間接影響了國民黨其他正式提名者的當選機會。

顯而易見的是：執政黨的初選提名制度已因這次選舉而破壞殆盡，有些派系角頭、財團金主藉「力」與「錢」強出頭，執政黨多年來理念爲黨的庸俗化、地方化、派系化、金錢化所代替。國民黨提名大量財團金主、甚至道上弟兄參選，在一片反賄選、反金權、反暴力的風潮下，證明了執政的國民黨提名作業的謬誤，也給民進黨攻擊國民黨候選人的藉口。雖然國民黨提名的候選人一再聲稱絕不買票，李總統和郝院長也參加反賄選的簽名運動；但是以國民黨提名的金牛爲主的買票之聲到處可聞。根據報紙上的探查，臺北市南區的一票票價行情，高達三千五百元，嘉義縣和臺中縣也有二千元以上的價碼，連外島亦都有二千元的價碼。另外，還有贈送手錶、計算機、照相機、文具等禮物的。至於候選人開千桌流水席宴客，更非新聞了。

此次立委選舉，與其說是國民黨與民進黨之爭，不如說是國民黨黨內主流派與非主流派之內鬥給予民進黨有利的空間。國民黨自從民國八十年的修憲紛爭，造成所謂主流派與非主流派兩大黨團以來，代表主流派的「集思會」聚集了主張總統直選的臺籍「臺灣國民黨」精英。而代表非主流派的外省籍的「新國民黨連線」堅持法統，主張「委任直選」。兩方人馬殺得天翻地覆。

選舉結果，由軍方支持的「黃復興」黨部候選人十一人全部當選，新

國民黨連線的十二人參選中，有十一人當選，而集思會有三十人參選，卻只有二十人當選。這樣的結果可見軍方力量的鐵票，國民黨中央絕不能忽視。而「新國民黨連線」的高當選率也間接顯示了集思會的挫敗。「新國民黨連線」的龍頭趙少康是全國最高得票者。郁慕明、陳癸淼、周荃也都當選連任，如果加上「黃復興黨部」輔選的立委，非主流派當選者比主流派還多二位，形成國民黨內旗鼓相當的局面。將來在法案或議題上，欲贏得過半數，民進黨將成為主流派或非主流派必須籠絡的對象。不過，主流派和民進黨在理念方面比較容易溝通，合作的可能性比較強。因此，以外省籍為主的非主流派恐將難以支配立法院。那麼在立法院院會裡，省籍衝突將更激烈。

　　民進黨雖然從組黨以來一直受派系的困擾，每一次的黨代表選舉，公職人員黨內初選，乃至於黨主席選舉皆被視為各派系消長的指標。在新當選的民進黨立委中，美麗島系色彩的有近二十位，屬於新潮流系的約有十位，臺獨聯盟有五位，而屬於中間派系的則有十五位左右。這些中間派系包括以陳水扁為首的「正義連線」，以施明德為代表的「福利國戰線」及超派系者。不過，此次立委選舉，民進黨在聯合對外的併頭作戰方面相當成功。在國民黨的內鬥之際，頗有斬獲。民進黨把箭頭指向行政院院長郝柏村，在一面倒的「反郝」聲浪中爭取了不少臺籍民眾的支持，是很成功的戰術。

　　國民黨遭受挫敗的另一個原因是都會區票源的流失。這次選舉，國民黨在臺北市的得票率只有 41.04%，高雄市是 52.73%，臺灣省則為54.59%；民進黨在臺北市的得票率是35.62%，高雄市為 35.36%，臺灣省則只有30.42%。同時，民進黨在臺中市與臺南市卻分別獲得了39.4%及38.2%的得票率。

　　鄉村地區國民黨則仍然掌握傳統優勢，澎湖的得票率是 89.54%，花蓮77.46%，苗栗72.13%，彰化68.63%，臺中縣62.21%。這些地區

教育水準較低，地方派系與金錢在國民黨的運作之下比較能發生作用，穩住陣腳。表二把國民黨與民進黨在兩院轄市及五個省轄市的得票率列出做參考。一項很明顯的事實是：民進黨在都市地區的得票率皆比其全部之得票率要高。

表二：二屆立委都市選況（得票率）

		國 民 黨	民 進 黨
臺 北	北區	31.5%	40.0%
	南區	50.8%	31.2%
高 雄	北區	57.5%	38.8%
	南區	47.1%	31.5%
基 隆	市	58.0%	39.4%
新 竹	市	38.7%	32.6%
臺 中	市	56.2%	39.4%
嘉 義	市	49.9%	50.1%
臺 南	市	44.8%	38.2%
臺閩地區總計		53.0%	31.0%

（資料來源：《聯合報》，民81年12月20日，頁4。）

總而言之，國民黨在此次立委選舉的挫敗，主要的原因還是在於內部派系鬥爭的結果。以「臺灣為第一優先」口號代表的集思會主將紛紛落選，而黃復興黨部的鐵票部隊與新國民黨連線主將的高票當選，明顯表露了國民黨的內部紛爭。在另一方面來看，民進黨的聯合對外戰略和中間路線的訴求，使得其在國民黨內爭之下，獲得了空前的勝利。這樣的結果雖然暴露了臺灣目前存在的派系問題，卻也為未來的政黨政治開創出了一片新天地。是中華民國政治發展過程的一個轉捩點。

　　此次的立委選舉，由於現任立委的大量落選，民進黨黨員席次的增加，對第二屆立法院的運作將發生很大的影響。未來的立法院可能呈現以下的幾種現象趨勢：

　　（一）新科立委有具高學歷與年輕化的趨勢。在所有新科立委中，三十歲以上，五十歲以下的中年層占了七成左右；大學以上學歷者，亦高達76％。新科立委中計十五位博士，占12％；碩士三十二人，占25％；大學四十八人，占 38％，高中職及專科共占 24％。第一屆的「萬年國會」和「老賊」之譏將不再是第二屆的包袱。年輕化和高學歷化的第二屆立法院將會有朝氣，也將更有專業知識來監督政府。

　　（二）二屆立院的獨統之爭將更明顯。省籍衝突亦將更為激烈。以軍方為背景的「黃復興黨部」立委，靠著嚴重的危機感，力保昔日的「中國國民黨」和外省籍的政治勢力，必然和以本省籍的主張「一中一臺」的民進黨立委發生直接的衝突。「新國民黨連線」具有外省色彩，大致上會和「黃復興黨部」立委合作，而「集思會」國民黨立委和民進黨串聯的趨勢，大致上也可看出。本省外省之爭，獨統之爭已難避免。

　　（三）由於民進黨在競選期間一致「反郝」，二屆立院很難通過郝內閣的繼續連任。民進黨在選舉揭曉後，立即表明要求郝柏村辭職，而集思會國民黨成員亦歸罪於郝院長指揮下的「黃復興黨部」的不聽中央指揮運作，才造成集思會的慘敗，亦可能間接支持倒閣的運作。選舉後國民黨祕書長宋楚瑜提出辭呈，郝柏村也表示做不做院長都沒有關係。新國民黨的整合及新內閣的組成已成必然。一項對新科立委的意見調查表顯示有84.3％認為新科立委就任前，內閣應總辭；只有15.7％認為郝柏村應該留任。

　　（四）財團的影響力仍然存在。此次選舉在一片反金牛的聲浪中，大多數財團候選人雖然當選，但其選票未如預期的高，有些明顯財團支持的候選人甚至遭到滑鐵盧。雖然如此，在二屆立委中，財團立委席次並

未減少。華隆集團支持的候選人幾乎全部當選，將來在立法院的發言分量必受重視；其他如力霸集團、長榮集團、三重幫等皆將有某種程度的影響力。以個別產業來觀察，代表證券、房地產、保險金融業的財團居多，在未來立院的財經法案將成主導。

(五)反對勢力首度超過三分之一，立委席次亦接近三分之一，未來朝野政黨的互動關係必須由對抗走向協商，雖然院會裡的肢體衝突動作不會消失，但是會外的協商是必然的路線。朝野兩方面所推出的立委皆由民意選出，立場較穩，亦較能代表選民，保護選民的利益。

第二屆立委選舉的結果給執政的國民黨帶來了相當大的衝擊，選舉策略的失誤雖然是原因之一，但是老百姓求變的訴求也間接反映在其對民進黨候選人的支持上。因此，國民黨對黨內執政同志的整頓形勢已成為選舉後國民黨的工作重點。而民進黨由於二屆立委選舉的勝利自認為已有執政的信心。因此，對即將在一九九三年底的縣市長選舉產生過分的自信，要以地方逼中央的形勢奪得執政權。

三、一九九三年的縣市長選舉

一九九二年立委選舉的獲勝在民進黨的領導階層裡產生了一份高度的自信，黨主席許信良在一九九三年的縣市長選舉前一直持著相當樂觀的看法，估計民進黨可以至少拿到十席縣市長；而國民黨由於上次選舉的落敗，則人心惶惶，到處告急，最後連黨主席現任總統李登輝親自下鄉，向選民拜託和拉票。

但是一九九三年十一月二十七日的選舉結果並未如預期的國民黨退守，民進黨推進的安排，選舉的結果是國民黨固守了十五席，民進黨六席，無黨籍二席的局面。民進黨不僅未能增加席次，反而失掉了一席。這個結果逼得民進黨主席許信良宣布辭黨主席職，而負責民進黨選務的

中常委施明德也跟著宣布辭職，以示負責。表三是此次選舉的結果。

表三: 一九九三年縣市長選舉結果

區　　分	中　國　國　民　黨			民　主　進　步　黨			新黨	無黨籍
	提　名	開放	小　計	提　名	開放	小　計		
參選人數	19	8	27	18	2	20	2	27
當選人數	12	3	15	6	0	6	0	2
當選率	52.17	13.04	65.21	26.09	0	26.09	0	8.7
得票數	3,121,468	453,755	3,575,223	2,996,005	94,300	3,090,305	230,914	633,353
得票率	41.45	6.02	47.47	39.78	1.25	41.03	3.07	8.41

（資料來源:《中國時報》，民82年11月28日。）

　　從民進黨的角度來看，毫無疑問的是輸得很慘。不僅未達到以「地方包圍中央」的目標，而且還少了一席。但是如果從臺灣民主化運動的長期趨勢來看，則臺灣的民主成長在這次選舉裡仍然可以看到持續的成長。因為在這一次選舉裡，國民黨所獲得的票數比率首次跌破五成以下，只得 47.31%，其中在苗栗、臺北、桃園縣的得票率更不及四成。如果以選舉得票率來看，國民黨得票上昇的只有六縣市，其餘的十五縣市均較四年前為低。

　　相反地，民進黨雖在席次上少了一席，但得票率已超過四成，獲得 41.19%，其中有五個縣市的得票率已超過五成以上。民進黨的得票率已接近國民黨。因此，朝野兩黨在地方政權的地位已趨對等地位。兩黨政治的形成相當明顯。圖一是歷年來得票率趨勢圖。

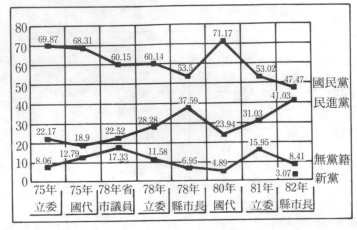

圖一: 各政黨歷屆選舉得票率（1986～1993年）

（資料來源:《中國時報》，民82年11月28日。）

　　國民黨對這次的選舉相當地滿意。第二屆立委選舉的慘敗教訓讓國民黨瞭解順應民意的重要性。配合人民的要求，國民黨撤換了郝柏村的行政院院長職而以連戰取代之；國民黨也積極重新申請進入聯合國以回應民進黨的口號。這些動作在某些方面挽回了國民黨漸離人心的思想政治意識型態。

　　民進黨的失敗則在於過分自信，自以為執政時機已到，可由「地方包圍中央」。 民進黨也承認李登輝的拉票和積極參與鞏固了南部的國民黨票源，相對降低了民進黨的訴求。

　　由國民黨脫離出來的新黨，雖有許歷農的加入與趙少康、王建煊等名將的號召，不僅全軍覆沒，也沒有達到損害國民黨候選人的目標。

　　這次的選舉與二屆立委選舉在賄選問題上仍然沒見改善，買票之聲到處可聞， 由三百元一票至 五千元一票的行情依縣市選 情緊張程度而定，至於黑道介入與暴力事件則似有昇高嚴重的局勢趨向。

　　總而言之，國民黨在經過二屆立委選舉失敗之後，總算靠縣市長選舉挽回了面子，　也暫時穩住了執政黨的江山政權。但一九九四年的省長、北高兩市市長以及各縣市議員的選舉，國民黨又再度遭受重創。

四、一九九四年的省市長選舉

　　一九九四年底十二月三日的臺灣省長、臺北和高雄兩院轄市的選舉是臺灣走向民主政治過程一項相當令人注目的事件。雖然民進黨在二屆立委選舉時頗有收穫，但是三項省市長的選舉具有歷史的重大意義。因爲這是臺灣省有史以來第一次由人民來選舉省長；臺灣的人民自己來決定誰當省長。臺北市的市長在高玉樹以後，三十年來一直是官派市長，高雄市自建院轄市以來，也一直是官派市長。因此，雖然這次選舉也包括省縣市議會議員的選舉，全國上下把所有重點都集中在省市長三項選舉上。

　　國民黨是以安定和繁榮爲號召，推外省籍的現任官派主席宋楚瑜爲省長候選人，黃大洲爲臺北市長候選人，吳敦義爲高雄市長候選人。民進黨則以臺灣人來當政爲訴求，推出陳水扁爲臺北市長候選人，陳定南爲臺灣省長候選人，張俊雄爲高雄市長候選人。近由國民黨脫離出來的新黨，則推出趙少康爲臺北市長候選人，朱高正爲臺灣省長候選人，湯阿根爲高雄市長候選人。

　　在一番相當激烈的競選活動之後，選舉的結果是國民黨的宋楚瑜以超過民進黨的陳定南將近一百五十萬票之巨大差距當選省長，民進黨的陳水扁則以六十一萬高票當選臺北市長，而國民黨的吳敦義亦以四十萬票當選高雄市長。換句話說，國民黨保住了省長和高雄市長兩席，而民進黨則搶占了臺北市長的席位。

　　如果從得票比率來比較各黨派的得失，則在臺灣省長選舉的得票率：

國民黨是56.22%，民進黨是38.72%，新黨是4.31%，其他0.75%。臺北市長選舉：國民黨有25.89%得票率，新黨有30.17%得票率，而民進黨則高達43.67%。高雄市長選舉的得票率分別是國民黨54.46%，民進黨是39.29%，新黨3.45%，其他2.80%。如果把此三項一齊合計，則國民黨得票率占 50.05%，民進黨 39.42%，新黨占約 7.70%，其他0.83%（詳見表四）。

表四：一九九四年省市長選舉得票率

	國 民 黨	民 進 黨	新　　黨	其　　他
省　　　長	56.22%	38.72%	4.31%	0.75%
臺 北 市 長	25.89%	43.67%	30.17%	0.27%
高 雄 市 長	54.46%	39.29%	3.45%	2.80%
總　　　計	50.05%	39.42%	7.70%	0.83%

（資料來源：《中國時報》，83年12月4日，頁1。）

此次三項省市長選舉後的兩項明顯新政治型態是：(一)民進黨首次主政首府臺北市；(二)外省籍的出任首任民選省長。第一點的特徵反映民進黨勢力的昇高，也反映了民進黨的高度團結。第二點特徵則多多少少表現了人民的低度省籍情結。

其實，一九九四年的三項省市長選舉 有下列幾項爭論和 訴求的主題：

第一，省籍情結。在臺灣省長方面的競選，國民黨提名的現任省主席宋楚瑜是外省籍子弟。因此，民進黨以「讓臺灣人來主政」為訴求，爭取選民的支持。而在臺北市長選舉則由新黨的趙少康為首，呼籲所有外省人團結，維護真的中國國民黨為訴求戰略，激起外省人的危機感。

宋楚瑜的當選證明在臺灣省一般人民並無省籍情結，但是新黨在席捲眷村以後，卻不能不讓人覺得臺北的外省人還是有省籍情結。

第二，獨統爭論。在競選初期，激進的民進黨曾經以臺灣獨立為訴求，要「變天」。但是後來也避談這問題，因為一般的人民支持安定，無意因臺獨而激怒中共。而新黨因有急統的色彩，在臺灣省部分幾乎全軍覆沒，可見一般人民亦不贊成急統。所以在事實上獨統爭論不像上次立委選舉時那麼明顯。

第三，外來與土生之爭。國民黨是外來的政黨，壓抑土生的臺灣人和臺灣文化。民進黨才是土生的臺灣人的政黨，「讓臺灣人來做做看」是很動人的口號。宋楚瑜在新聞局長任內對本土文化和臺語電視節目的限制，都成為民進黨攻擊的藉口。他不流利的臺語也就象徵外來的政權的自我優越感了。

第四，老人年金的問題。民進黨在老人年金上大作文章。由於臺灣老人人口的急速增加，老人年金就成了爭論的中心點之一。雖然在競選初期，國民黨堅稱老人年金不可取，但到後來亦不得不跟進，宣布老人年金的金額與發放原則。

第五，賄選與資訊控制問題。民進黨和新黨在競選期間再三抗議執政的國民黨控制電視轉播的不公平。他們抗議三臺明目張膽地替國民黨助選，打壓在野黨的曝光率。兩在野黨亦指控國民黨非法賄選和買票。這問題一直到選後仍然是民進黨不服氣的地方。施明德和陳定南都認為宋楚瑜之所以能比陳定南多出一百五十萬張票，完全是賄選買票來的。臺北市雖然執政黨不敢公然買票，但假借其他名義發給工作費、跑路費等等仍屢見不鮮。

從這次的選舉結果來看，臺灣的政治型態已發展到兩個半政黨的局面了。兩個是指國民黨和民進黨，半個是指新黨。由於在臺北市長選舉中，新黨的趙少康票數超過國民黨的黃大洲。而且在市議員的選舉中，

新黨議員多人當選，與其他兩黨爭天下。新黨未在其他地區有所作爲，
所以對中央與省政府的影響力不大，但在臺北市則形成一個不可忽視的
力量。這種新的局勢在表五所列舉的各政黨得票率可以看出來。

表五: 臺北市議員政黨席次及比例

黨籍　　選區	國 民 黨	民 進 黨	新　　黨	其　　他
第一選區	4	4	1	1
第二選區	3	2	1	0
第三選區	3	3	3	0
第四選區	2	3	1	1
第五選區	3	3	2	0
第六選區	4	3	3	1
原住民區	1	0	0	0
計	20	18	11	3
比　　例	38.46%	34.16%	21.15%	5.77%

（資料來源:《自立早報》，83年12月4日，頁7。）

因此，在臺北市議會裡，國民黨從執政黨變成了在野黨，而且還是
未過半數的在野黨，無法牽制執政的民進黨市長的施政。

總歸而言，一九九四年的選舉表明了一個很重要的趨勢: 國民黨一
黨獨大時代的過去和多黨政治型態的成形。國民黨的式微一方面是由於
國民黨機器的老舊，造成眾叛親離，另一方面則是老百姓的求變:「讓
別人做做看」的訴求獲得了都市人口的響應。

臺灣民主化的趨向成熟在這一次選舉上是可以看出來的，雖然仍有

不少的地方要改進的。二年後的直選總統將使臺灣的民主化更名正言順。

五、結　論

臺灣有一些學者一直對政府以往的權力分配相當的不滿，連帶對政府這四十幾年來的政績也持否定的評價。他們批評蔣家父子時代的政治專制和獨裁，壓抑欺凌臺灣人；他們也嚴責李登輝縱容官商勾結，使金牛充斥於政壇上。

我們都承認上述問題的存在是事實，但是完全否定國民黨執政的政府在臺灣奇蹟的創建上毫無貢獻的評價卻偏之過激。而且臺灣是在邁向民主的路上走。雖然慢，但穩定是事實。最近一期的美國《時代》雜誌（11月26日）在推薦民進黨的陳水扁為世界未來一百位領袖人物的引文裡就稱讚臺灣是許多開發中國家由專制走向民主的過程中唯一沒有暴力流血和嚴重破壞社會秩序的國家。

臺灣在這四十年間由窮而富，由保守而開放，由專制而民主，由落後而前進，由外省人獨霸到臺灣人主政，這條路雖然走得很辛苦，但卻是有收穫的。以往臺灣的奇蹟是建立在經濟成長上，今後如果能夠繼續穩定地邁向民主化的政治，則臺灣奇蹟將更為世人所稱羨。

一個人們常問的問題是臺灣的急速民主化會對中共有什麼影響？回答這問題不是一、二句話可以解答的。臺灣的選舉方式，肯定在短時期內對大陸中共政治發生不了什麼作用。中共對政權抓得很緊，對領導人才的選擇仍然是以意識型態為主。因此要中共開放民選在近期內是必然不可能。

但是中共對臺灣的選舉結果是相當關切的。大致上，中共當局把民進黨視為臺獨的代言人。民進黨的執政仍意味臺灣的脫離中國而自成一獨立國家，這是中共不能容忍的。新黨的理念比較適合中共的口味，尤

其新黨成員絕大部分是外省籍的第二代，跟大陸有一種心連心的情結。因此，新黨的優勢是中共的最愛。對中共來講，由李登輝領導的國民黨也有獨臺的跡象，申請重進聯合國的舉動和國民黨的臺灣本土化政策，中共皆持懷疑的眼光。

臺海兩岸近年來經濟商務交往頻繁，雖然在政治上兩方仍無直接來往，但是經濟與政治兩者在目前情勢下難以分開。臺灣的民主化會加緊臺灣人民的聚合心，也更穩定臺灣的社會秩序與政治。如果這種在民主化運動衝擊下的新聚合力形成，則臺灣在未來與中共的談判就比較有籌碼。

中華民國的內閣是一個科技官僚體系，有智慧也有才能，才造成今日臺灣的安定與繁榮。今後的政治菁英若能再補以民意的支持，則臺灣的政治會更有作為有擔當。而認同問題也就迎刃而解了。

我們應該肯定一九九〇年代臺灣民主化的成就。

海峽兩岸社會發展之比較

——一個理論架構

海峽兩岸社會發展之比較
——一個理論架構

一、三種現代化理論

有關世界各國現代化的研究，在社會科學裡並不是最近的事。政治學家一直注意比較政治發展的過程分析，經濟學家則強調經濟起飛的要件與經濟成長的各種特徵的測量，社會學家的重點在於社會內部結構與價值體系的進化與改變。❶

在社會學的領域內，十九世紀社會學的萌芽多多少少是受當時歐洲急劇社會變遷的影響。許多思想家對工業化衝擊下的社會變遷與未來的歐洲社會的方向有不同的見解。法國孔德 (Auguste Comte) 因此創建社會學以客觀和科學的態度來分析社會內部結構與討論社會外在的變遷。後來的英國社會學家斯賓塞 (Herbert Spencer)、法國的涂爾幹 (Emile Durkheim)、德國的馬克斯 (Karl Marx) 與韋伯 (Max Weber) 等皆曾經對歐洲社會變遷的理論解釋有過相當大的貢獻。❷ 當

---

❶ 有關現代化研究在1960年代的美國社會科學界頗為流行。1970年代轉呈寂靜，但1980年代則又因東亞經濟的突飛猛進而再度引起討論熱潮。政治經濟學廣受重視，成為近年來的理論主流。

❷ 參閱 Jonathan H. Turner and Leonard Beeghley, *The Emergence of Sociological Theory*. Homewood, Ill.: Dorsey, 1981. Karl Marx, *Capital*. N.Y.: International Publishers, 1967. Max Weber, *The Protestant Ethic and the Spirit of Capitalism*. N.Y.: Scribner's, 1958. Emile Durkheim, *The Division of Labor in Society*. Glencoe, Ill.: Free Press, 1947. 蔡文輝，《社會變遷》。臺北：三民，1983。

代的社會學家如加州大學的斯美舍 (Neil J. Smelser)、丹佛大學的莫爾 (Wilbert E. Moore)、以色列的艾森斯達特(S. N. Eisenstadt)、哈佛大學的派深思 (Talcott Parsons)、紐約大學的華勒斯坦 (Immanuel Wallerstein)以及拉丁美洲的社會學家法蘭克(Andre Gundar Frank) 等人皆曾經在現代化的理論上下過很深的工夫, 也有相當影響力的理論構想。❸

雖然有關現代化的理論涉及數種社會科學與人文科學的研究領域, 而且各式各樣的理論觀點和論著數量也不少, 但是大致上來講, 目前比較爲學者所接受的可以歸納成三種理論。

(一)聚合理論 (convergence theory): 這個理論可以說是一種古典現代化理論, 在一九五〇年代與六〇年代相當流行。在政治學上的現代化理論 (modernization theory) 或發展理論 (development theory) 及在社會學上的整合理論 (integration theory) 都屬於聚合理論的觀點。 按照這個理論的看法, 第三世界的國家無論目前的開發程度怎麼樣, 也無論其邁向現代化的起點有什麼不同, 只要它們往現代化的路上走, 必然要朝著西方社會文化的特質改變, 而且遲早是會成功的。聚合理論認爲現代化是起源於西方社會, 因此含有許多西方文化的特質。任何一個國家只要往現代化的方向改變時, 必然會採納這些特質。如果世界上所有的國家都朝現代化的方向變, 則社會與社會之間的差距會越來越小, 類似的相同特質則會越來越多。這些特徵包括持續的經濟成長、教育的普及、人民流動率的提高、平民化的價值觀念、以及擴大的政治參與等。聚合理論強調社會結構內部組織與文化價值體系的

---

❸ 有關這些學者對現代化的理論比較, 請參閱蔡文輝, 《比較社會學》。臺北: 三民, 1988, 第6章與 Wen-hui Tsai, *From Tradition to Modernity*, China's Struggles toward Modernization Since the Mid-19th Century. Baltimore: University of Maryland School of Law, 1985.

改變，以適應現代化所要求的特質。

聚合理論受批評最多的一點是把西方社會文化視爲全世界人類社會所模倣的型態，因爲它相信現代化的終點必然是西方式的社會文化。政治發展論者再三強調政治民主化 (political democratization)、社會學者的美國整合社會社區 (societal community) 論都是含有西方文化本位主義的色彩。派深思把美國模式看成其他國家唯一應仿倣的樣板，更是偏見。聚合理論的另一個缺點是忽略了各個社會獨有特質的存在。卽使我們承認現代化的結果必然會發展出一套類似西方社會文化的規範與生活方式，但是「類似」並不等於「相同」，現代化亦不一定就必然是西方化。聚合理論的第三個缺點是過分強調西方社會的同質性。事實上，西方社會裡的英、美、法、德、西班牙等等都各有其獨特的生活方式與文化。所謂「西方社會」或文化，其實只能代表一個很籠統的概念。聚合理論的第四個缺點是它把西方國家視爲一個「善良的施與者」。在第三世界國家的現代化努力裡，西方國家總會伸出雙手樂意的援助幫忙。事實並不盡然。❹

(二)依賴理論 (dependency theory)：這個理論是一群拉丁美洲的社會科學家根據他們親身體驗與觀察拉丁美洲的發展經驗而提出的。華勒斯坦的世界體系論 (world system theory) 雖不完全附和依賴理論，但通常被歸類成依賴理論之一種。持依賴理論者指稱西方社會是第三世界國家朝向現代化發展過程中的阻力與障礙。今日世界正受一個由美國和歐洲國家所組成的「大都會中心」(metropolis) 所控制，該中心利用資本的榨取與經濟原料的剝奪等方式來控制未開發的衛星地區

---

❹ 聚合理論的代表著作有 Talcott Parsons, *The System of Modern Societies.* Englewood Cliffs, N.J.: Prentice-Hall, 1971. Wilbert E. Moore, *World Modernization, The Limit of Convergence.* N. Y. Elserier, 1979. S. N. Eisenstadt, *Tradition, Change, and Modernity.* N.Y.: John Wiley, 1973).

(satellites)。此種控制嚴重的影響了當地工業之發展，逼使現代化過程中的第三世界國家更加依賴西方資本主義國家。前者總是讓後者牽著鼻子走。在這種情形下，第三世界國家沒有決定本身命運的權力，而且社會內貧富差距會愈變愈大，造成更嚴重的社會破壞。

依賴理論的最大貢獻在於提醒人們，在現代化過程中外來力量的不可忽視，並強調世界各國發展的相互關聯性。但是依賴理論常被批評為埋怨者的酸葡萄，以被壓榨者的觀點態度苛責外來的援助力量或因素，因此過分強調外來因素與開發中國家的衝突性與破壞性。依賴理論的另外一個困擾是強調在現代化過程中，由於來自「大都會中心」西方資本主義國家的干涉，使第三世界國家不可能達到經濟發展或進入現代化。可是東亞在二次戰後的經驗，包括臺灣、香港、韓國、新加坡等，卻又有明顯的成功事實，證明在世界經濟體系中，第三世界國家仍能擺脫資本主義國家的控制而獲得成功。依賴理論的第三個問題是認定由於西方資本主義國家的操縱，第三世界裡會有富者更富、貧者更貧的現象，造成社會內財富的更加不均等與社會內階級衝突之更形嚴重。雖然大多數的拉丁美洲國家確實有這個問題，但是臺灣的國民所得分配在經濟成長過程中卻有趨向縮小差距的現象。因此，財富分配問題並非是第三世界國家必有的發展經驗。雖然如此，依賴理論在臺灣社會科學界相當受歡迎，在社會學家如蕭新煌、張茂桂、許嘉猷等人的倡導之下，幾乎成為臺灣學術界「唯一」能接受的理論。❺

(三)政府理論（state　theory)：聚合理論之過分樂觀與依賴理

---

❺　依賴理論之主要代表著作包括 Immanuel Wallerstein, *The Modern World System.* N.Y.: Academic Press, 1974. Andre Gundar Frank, *Capitalism and Underdevelopment in Latin America* N.Y.: Monthly Review Press, 1969. Fernando Cardoso, *Dependency & Development in Latin America.* Berkeley: U. C. Press, 1979.

論之過分偏激都難以驗證資料來支持其理論。近年來，一種從政治系統
理論發展出來的新觀點逐漸受到學者的重視。這個理論泛稱為「政府理
論」。它認定經濟和政治發展是相互關聯的。因此，政府在開發過程中
的有效干預是經濟發展不可或缺的條件。堅強穩定的政府一方面可以壓
抑傳統保守勢力對開發的阻撓，另一方面則對經濟開發做有效的積極干
預。「政府理論」基本的論點因此可以用一個簡單的公式來表示：

$$強勢政府 ＝ 經濟發展$$

　　不過政府理論也承認並不是第三世界國家只要有了強勢政府就一定
會有經濟發展，它進一步指出強勢政府裡一定要有一群具有政策決定力
量的、有現代化眼光的政治領袖才能在發展的策略上創製有效的干預。東
亞四條小龍的經濟成長正證明政治領袖在一個強勢政府下成功地策劃了
這地區的經濟成長。加州大學的艾文斯 (Peter B. Evans)、約翰霍金
斯大學的李姆寇 (Jonathan　Lemco)、懷俄明大學的克拉克 (Cal
Clark)、麻省理工學院的白魯洵 (Lucian　W.　Pye) 都是這理論的發
言人。在臺灣的政治學者中，臺大的龐建國則持此論。筆者近年來討論
海峽兩岸發展經驗之異同時，雖未完全採納「政府理論」觀點，不過也
傾向認同政府與政治領袖在過去四十年來的舉足輕重的角色。❻

　　「政府理論」由於有東亞四條小龍的成功經驗，因此近年來氣勢頗
盛。但是無可否認的，它的確過分強調強勢政府與政治領袖的功勞與貢

---

❻　政府理論之代表著作有: Peter Evans, *Bringing the State Back In.*
　　N.Y.: Cambridge University Press, 1985. Samuel Hunting-
　　ton, *Political Order in Changing Societies.* New Haven: Yale
　　University Press, 1968. Lucian W. Pye, *Aspects of Political
　　Development.* Boston: Little　Brown, 1966. Malcolm Gillis,
　　"The Role of State Enterprise in Economic Development,"
　　Social Research 47:248-289, 1980. Cal Clark and Jonathan
　　Lemco, "The Strong State and Development: A Growing
　　List of Caveats," *Journal of Developing Societies* 401:1-8,1988.

獻。不過，它最受批評的地方還是它的「反民主化」意識傾向。龐建國與艾文思合寫的一篇討論臺灣政治結構與工業化的論文裡就預測臺灣現在的民主化潮流會削弱中華民國既有的強勢政府，因此會破壞臺灣未來的經濟發展，他們說，「自由市場需要強勢政府」。❼ 克拉克最近的一篇論文也同樣強調這一點。❽

綜觀上述三種有關現代化的三種理論觀點，聚合理論重視內在社會文化結構的改變與不可避免的西方化。依賴理論則過分苛責外來因素的壓榨性，悲觀地認定第三世界國家現代化的不可能性。政府理論則從政府有效干預的角度來稱讚政府與政治領袖在開發國家現代化過程中的重大貢獻角色。這三種理論各有其長處，卻也各有其缺點。用任何一種來解釋海峽兩岸的發展不僅牽強，而且總是局部性。在下面這一節，我們願意提出一個綜合性的理論模型，取上述各理論之優點，捨其缺點，希望能用來更客觀的分析與解釋海峽兩岸的發展經驗。

二、一個綜合理論構想模型

筆者近幾年對東亞四個華人社會的比較，基本上是把工業化（industrialization）、經濟成長(economic growth) 及現代化(modernization) 當做三個不同層次的歷史過程來處理。普通一般人對這三個概念總是混著一齊用，視三者如一。在許多研究發展的政治學和經濟學著作裡，這種混淆不清的用法亦到處可見。其實，這三個名詞代表著三個

---

❼ Peter Evans and Chien Kuo Pang, "State Structure and State Policy: Implications of the Taiwanese Case for Newly Industrial Countries," 未發表論文宣讀於「一個新興的工業化社會：中華民國臺灣」國際性學術研討會，1987年9月3至6日，臺大，頁25及27。

❽ Cal Clark and Jonathan Lemco, 見❻, p. 7.

相關卻非完全相同的現象。嚴格地來講，工業化係指在經濟生產過程裡機械動力與非人力資源使用的大量增加。最常用以衡量工業化程度的指標是全國總生產值裡農業生產值比例的減少、農業人口的減少以及生產制度由家庭式經營而轉變至工廠式經營。由於機器動力的生產效能通常高於人力與動物力的生產效能，也由於新的工廠制度與科學管理官僚體系較能提高生產，它往往可以導致經濟成長。代表經濟成長的指標包括國民生產總值的增長、國民所得的增加，及經濟成長率的持續增長。現代化則牽涉到社會裡經濟與非經濟各層次的全面性改變；政治、教育、宗教、文化，以及價值體系的改變。理性化 (rationalization) 與普遍性 (universalism) 成爲行爲模範的基本準則。個人成就 (merit) 逐漸代替個人身分背景 (ascribed status)。一個現代化的國家應該有較高的國民所得、持續的經濟成長、積極的政治參與機會、自由的職業與社會地位的流動，以及其他一般生活素質的提高與顯著改善。

從上述這角度來看，我們是把工業化、經濟成長、現代化三者視爲社會發展的三個階段。以圖來表達則如下圖所示：

工業化是經濟成長的必要條件，而工業化與經濟成長又是現代化的必要條件。換句話說，沒有工業化，第三世界國家是很難有可觀的經濟成長；沒有經濟上的成長是不可能達到現代化的。這種發展過程是遵循一條由局部的改變（工業化和經濟成長）而進展到全面性的改變（現代化）。這種三階段式的發展經驗在第二次世界大戰後的第三世界國家裡是可以發現的。不過，有些國家順利地由工業化而經濟成長而進入現代化。但絕大多數的國家則並未能完成工業化階段，造成經濟停滯不前的困境；部份國家雖能有暫時的經濟成長，卻未能更上一層樓的進入現代

化階段。

那麼一個必須要探討的問題是：「爲什麼有些國家發展得順利，而有些國家發展得緩慢，是那些因素的影響？」如果我們把這三個發展階段的模型與上一節所提到的三個現代化理論觀點加以綜合，也許我們可以得到一個較完整且有系統的解釋方式。

我們在前一節曾經提到聚合理論認爲無論一個國家邁向現代化的起點或困難有什麼不同，只要繼續發展下去，遲早總是會達到現代化的。因此，第三世界國家應先剷除國內的傳統障礙以迎接西方化的生活方式與文化。依賴理論則排拒外來的力量，認爲外來力量阻礙了本地經濟成長實行的可能；西方資本主義爲中心的世界體系，控制並左右了所謂邊陲地區的第三世界國家的發展，因此，第三世界國家必須掙脫資本主義國家的壓榨才能有成功的希望與實施。政府理論則相信強勢政府與政治領袖對經濟發展策略的有效干預才是關鍵因素。

我們把上述這些因素安排在發展的三階段裡則可以發展成下面這樣一個理論模式：綜合聚合理論、依賴理論、政府理論以及發展三階段的優點。我們也相信這綜合理論一方面可以用來解釋中華民國在臺灣過去四十年的發展經驗，也可用來說明中國大陸之停滯不前之原因。❾

圖一所描繪之理論架構包含四項要素：（一）催變因素（change agents）、（二）發展階段（stages）、（三）特徵（traits）、（四）策略（strategies）。

傳統社會的主要特徵包括家庭爲社會之基本單位，人口主要活動是在農業生產上，個人的家世背景決定個人的社會地位。因此，社會流動率不高，社會變遷速度緩慢且涉及層面狹小。由傳統社會進展至工業化階段的主要催變因素是家族型態的經濟改變。家族資本由傳統的土地經

❾ 參閱蔡文輝，〈臺灣與亞洲三華人社會之發展比較〉，丘宏達、吳澄敏主編，《再創一個臺灣奇蹟》。臺北：時報，1986，頁 107-130。

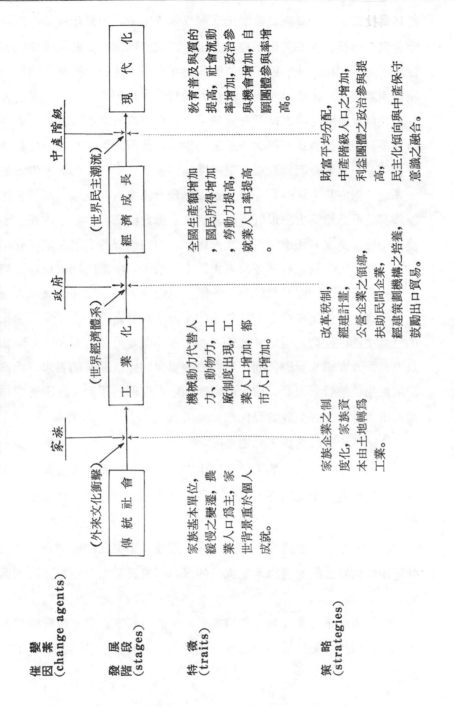

圖一：發展過程相關因素之理論架構

催變因素 (change agents)		家族		政府		中產階級	
	（外來文化衝擊）		（世界經濟體系）		（世界民主潮流）		
發展階段 (stages)	傳統社會	→	工業化	→	經濟成長	→	現代化
特徵 (traits)	家族基本單位，緩慢之變遷，農業人口為主，家世背景重於個人成就。		機械動力代替人力、動物力，工廠制度出現，工業人口增加，都市人口增加。		全國生產額增加，國民所得增加，勞動力提高，就業人口率提高。		教育普及與質的提高，社會流動率增加，政治參與機會增加，自願團體參與與率增高。
策略 (strategies)	家族企業之制度化，家族資本由土地轉為工業。		改革稅制，經建計畫，公營企業之領導，扶助民間企業，經建策劃機構之倍義，鼓勵出口貿易。		財富平均分配，中產階級人口之增加，利益團體之政治參與提高，民主化傾向與中產保守意識之融合。

營轉爲投資工業，家族企業雖仍掌握於家人手中，但管理與經營逐漸制度化與合理化。由工業化階段轉進至經濟成長階段最主要的催變因素是政府的有效干預。一個穩定的強勢政府在有現代化眼光的政治領袖統一指揮策劃之下，從改革稅制、公營與民營企業之配合、經建指導計畫之釐訂、關稅制度之建立以及充分利用世界經濟體系之有利環境，鼓勵出口貿易。但是經濟成長達到持續的境界後，政府的角色往往變成發展的絆腳石，一方面是因爲政府在這時期階段裡往往成爲一個大而無當的官僚系統，保守且遲鈍；另一方面是因爲政府領導者往往過分熱衷於保護旣得利益與政治權力，以旣得的經濟成果爲政治資本，排拒人民求新求變的心願，造成官民衝突的擴大。因此，由經濟成長進展至現代化階段的主要催變因素是社會裡逐漸擴大的中產階級。中產階級成員有經濟基礎，有良好教育，而且也較有世界觀。他們一方面享受在經濟成長後帶來的財富，深深瞭解穩定社會秩序的重要性與財富得來之不易而呈保守的意識型態，他們是穩定社會的主要力量。但是另一方面，中產階級成員有良好教育而且見過世面，對非經濟層面的生活品質的要求會提高，環境污染、消費者利益、政治參與等問題在他們的策動下逐漸受到重視而有所改善，導致全面的現代化。

這個理論架構強調下列幾點：

(一)層面牽涉廣泛的現代化發生在工業化與經濟成長之後。換句話說，如果沒有工業化與經濟成長，社會文化政治層面的現代化必難以達到。

(二)家族制度雖然在文獻上一直被認爲是工業化的絆腳石，但是有效運用家族聚集的財富與家族成員的忠誠可成爲工業化的重要動力與資本。

(三)政府是工業化轉向經濟成長的一個主要推動力。政府的有效干預有助於經濟發展的方向與速度。因此一個穩定與強勢的政府是不可或缺的。

(四)在經濟成長持續到一段時期之後，政府對社會轉向非經濟層面的發展會產生牽制的阻力。在此轉變期間，新興的中產階級一方面扮演著「制度維護」(system maintenance) 的角色，另一方面則推動非經濟層面的改革，特別是在政治權力與社會自願團體的參與兩方面。

(五)整個變遷過程的運作時刻皆籠罩在世界政治經濟體系下。也就是說，一個社會不可能由傳統階段發展到現代化階段而無視於外在環境與外來文化的影響。閉門造車或閉關自守無法引導社會發展。

總而言之，這個理論架構考慮到社會變遷的內在結構與外在環境的交互相關因素，也包容了社會科學界近年來的幾種主要理論觀點。我們相信它是一個比較完整的理論架構。在下面二節，就從這理論架構來討論過去四十年來臺海兩岸不同的社會發展經驗。

三、臺灣經驗的研判

籠統地來講，一九五〇年代臺灣的社會還算是一個農業的傳統社會，一九六〇年代進入工業化階段，一九七〇年代經歷顯著的經濟成長，一九八〇年代則進入現代化的發展趨勢。一九五〇年代國民政府遷臺初期，由於正在戰後，再加上大陸動亂，經濟破壞自不在話下，農業是當時之主要產業。許多工業所需原料與機器皆需由出口農產品換取。一九五三年開始實施第一期四年經濟計畫，作有系統地發展臺灣工業。到目前為止，政府一共實施了七期經建計畫，指導和規劃臺灣的經濟建設。在這一連串的經濟計畫裡，政府由保護關稅與管制外匯開始，進而發展到勞動密集工業、平衡政府預算、鼓勵投資及出口、增加就業人口、穩定物價、改善所得分配，並且在一九七〇年代後開始擴及社會文化的整體規劃。「臺灣奇蹟」不僅是經濟的快速成長，而且是社會的均富與穩定。表一把過去這四十年間的經濟成長率列出來供大家參考。

表一: 臺灣地區經濟成長指標 (1951～1987年)

年	GNP 年增長率 (%)	平均國民所得 (U.S.$)	農業生產淨值 (%)	工業生產淨值 (%)
1951	—	137	35.7	19.5
1956	14.67	133	31.6	22.4
1961	11.99	142	31.5	25
1966	12.02	221	26.2	28.8
1971	16.35	410	14.9	36.9
1976	19.78	1,039	13.4	42.7
1981	18.51	2,424	8.7	44.6
1987	11.49	4,573	6.1	47.5

（資料來源: 行政院主計處,《中華民國臺灣地區國民所得統計提要, 1951～1987》, 頁1及48。）

　　如果按照我們在前面提到的理論架構來分析, 臺灣的社會發展過程中, 有幾項是相當顯著突出的:

　　(一)臺灣在早期（一九五〇年代）的土地改革計畫不僅提高了農民的生產意願與農產品生產量, 而且也同時把大地主家族的土地資本轉投資於非土地關聯的其他經濟活動上。家族因此由一個土地資源擁有者轉變成工商企業的投資者。

　　(二)日據時代對臺灣未來的發展遺留了二項重要的資源: 一個是完整的官僚系統, 有效率與現代經營管理概念, 另外一個是基層村里鄰幹部組織, 負責任與盡職務。再加上國民政府遷臺以後政治領導階層的重組, 提高了政府的領導能力與人民的向心力。

　　(三)政府在經濟成長過程中發揮了其強勢政府的領導能力。經建計畫的積極實施代表 政府對發展過程 的有效干預, 有效干預並非全盤控

制，因此官營企業與民營企業併列，由勞動力密集工業發展到精密科技工業的開發，由進口貿易轉至出口貿易的商業活動，鼓勵與扶植中小企業的發展與競爭能力。而在同時，政權的穩定，權力轉移的順暢，都是臺灣奇蹟的主要激素。

(四)臺灣在發展過程中雖然仍受世界經濟體系的影響，但是一方面能善用西方科技工藝以發展本土經濟，另一方面仍能擺脫西方資本主義的陋習，避免了國內財富不均階級衝突的困境。這也就是為什麼有學者把臺灣看做是依賴理論之特殊例子。❿(S. C. Tsiang) 舉出五種幫助經濟發展的開明政策：(1)減低生育率，(2) 增加國民儲蓄，(3) 制定鼓勵投資與儲蓄的稅制與貨幣政策，(4) 提倡科技工藝，(5) 改善財富分配。這五項政策在臺灣皆曾實施。⓫

雖然目前在臺灣，有不小的一群年輕學者對中華民國政府在過去經濟發展的正面角色一概否認並加以痛責，⓬事實上，它的成就是可以肯定的。目前政治上的亂與無力感，並不代表中華民國政府這四十年來一直就是「無能」，它所代表的只不過證明在經濟成長持續一段時期後，強勢政府已無法適應新潮流，無法滿足人民的新需求。因此，按照我們的理論架構來解釋，從經濟成長轉入現代化的階段，主要的催變因素就必須由中產階級來推動。一方面維持經濟既得成果，另一方面推廣社會

❿　Richard E. Barrett and Martin K. Whyte, "Dependency Theory and Taiwan: Analysis of a Deviant Case." *American Journal of Sociology* 87:1064-1089, 1982.

⓫　S. C. Tsiang, "Foreign Trade and Investment as Boosters for Take Off: The Experience of Taiwan," pp.27-53 in Viltorio Corbo, Anne O. Krueger and Fernando Ossa eds., *Export-Oriented Development Strategies*. Boulder: Westview, 1985.

⓬　這群人當中雖然有不少人能就事論事，但也有相當偏激的。例如，林中平，＜國家組織或大有為政府？＞，頁91-116。《臺灣社會研究季刊》一卷一期，1988年春季號。

文化政治的改革與現代化。

誰代表臺灣的中產階級？各家界說並不完全一致。許嘉猷認爲臺灣的中產階級應包括公教人員、專門技術人員，以及企管經理人員，總共大約占臺灣有業者之28.4%左右。他說：這群人有好教育、經濟穩定、民族性強，而且思想敏捷。❸魏鏞在一項主觀調查裡，則發現有一半以上的人自認爲他們是屬於中產階級。筆者認爲臺灣的中產階級應包括至少高中畢業以上教育程度者，各行業的非勞力基層人員，年收入在二十五萬元以上，在政治上有意見提供但影響力不大的那一群人。它包括黨、政、軍、教等基層以上人員、工商界監理、買賣及服務人員。如果把這些人加起來，其人口所占百分比應是從業者40%左右。❹姑不論中產階級人數之大小，在過去臺灣的經濟發展過程，他們曾與政府充分配合，在此後走向現代化的階段中會扮演更積極的角色。近年來，各種改革的呼籲皆與這中產階級有關。強勢政府在經濟成長期間之能有效干預是靠少數現代化眼光之政治菁英的策劃，但其群眾基礎少。在步入現代化後，群眾基礎必須擴大，中產階級可扮演一種「中間人」的角色；一方面督促政治改革，一方面維護既得經濟成長。同樣的道理，如果臺灣不能發揮中產階級應有的功能，還局限於強勢政府的領導的話，臺灣的前途不會樂觀的。

❸ 許嘉猷，<臺灣之社會階層>，《中國論壇》240期，頁41-46。

❹ 參閱蔡文輝，《社會學》。臺北：三民，1985，第9章及 Wen-hui Tsai, "Social Changes Under the Impacts of Economic Transformation in Taiwan: From Industrialization to Modernization During the Post World War II Era," Paper Read at the International Conference on Taiwan, held at University of Hong Kong, June 29~July 2, 1988.

四、中國大陸的發展經驗

　　中共在中國大陸建立政權以後的發展策略一直到一九八〇年代是劇烈搖擺不定、時高時低波浪式的振動。中共從一九五三年第一個五年計畫至一九八五年宣布的第七個五年計畫，雖然表面上看來是有條有理，也包羅萬象，但是由於計畫設計上的缺失和政權的不穩定，一直未達到其應有的效果。這其間，中共在一九五〇年代初期曾集中大量資源發展工業，在經濟上呈現高度成長率，但是一九五八年至一九六〇年間的大躍進破壞了農業卻並未能提昇工業，造成大飢荒，人口不僅沒增反減。雖然一九六一年至一九六五年間的調整暫時解決了經濟上的危機，卻又緊跟上一九六五年以後的十年文化大革命的動亂，在經濟文化與社會上元氣大傷。一九七五年周恩來向第四屆人大提出了一個發展國民經濟的新綱領，提倡農業、工業、國防，以及科技的四個現代化。鄧小平秉承周恩來遺志，近年來更以四化運動爲其主要歷史使命。在「對外開放、對內搞活」的大原則下調整農村與城市的經濟體制，推行一胎化的節育政策，建立經濟特區與開放沿海城市以吸收外資。雖然四化運動帶來了一些問題，如財政赤字的出現、物價的上漲、人民幣的貶值、貧富差距的擴大，以及經濟犯罪的增加等。但大致上來講，四化運動多多少少是增強了中共的經濟力量，使中共眞正邁向工業化階段初期，並有經濟成長的可能性。表二把中共近年來的生活素質列表加以介紹。

　　我們在本文所提出的發展理論架構是以臺灣經驗爲基礎，它也可適用於韓國與新加坡的經驗。這個理論架構雖然是描述分析上述三個地區的「成功」經驗，但是也可以用來驗證爲什麼中共在中國大陸就沒能享受類似的成果。首先，我們必須提出中國大陸在一九五〇年代初期在中共政權控制下是先著手社會革命，以政治手段來拉平貧富差距。因此，

表二: 1989年中國大陸生活品質指標

人口	
粗出生率	20.77
粗死亡率	6.69
性別組合	男 51.58% 女 48.42%
城鄉分布	鄉 76.5 % 城 23.5 %
平均生命餘命 (1981)	67.9歲
平均國民所得 (美金)	387
教育	
學生在總人口百分比	15.65%
每萬人人口大學學生數	18.5
每萬人人口中學學生數	448
每萬人人口小學學生數	1,098
人口中無識字者百分比	31.9 %
健康衛生	
每千人人口中醫護人員數	1.56
每千人人口中醫院病床數	2.33

(資料來源:《中國統計年鑑》,1990,北京: 中國統計出版社。)

這時期中共的土改雖然削減了大地主的財富,卻未能將其引導至工商業的活動上。 家族不再是基本經濟單位, 國家雖在名義上取而代之,但卻被架空,沒能發生正面的功能。第二, 政府在干預經濟活動裡, 沒有

做「有效」的干預。在社會主義的名義下，政府控制主宰全國經濟。經濟政策在社會改革的陰影下不僅未能協助經濟發展，反而破壞經濟，大躍進的失敗就是一個例子，公社制度與鐵飯碗的政策減低了人們求上進的工作意願，也阻撓了經濟發展。而在同一時期，政府未能注意世界經濟體系的發展趨勢，閉關自守、土法煉鋼，錯失擴張貿易與借用科技的良好時機。因此，從理論觀點上來解釋，中國大陸的發展經驗顯示未能善用家族與政府這二個催變因素來促進工業化與達到經濟成長，更因此而造成發展策略上的錯誤，以致經濟發展停滯不前。嚴格上來講，中共近年來的改革只能說是正進入工業化階段，經濟成長階段仍然談不上，現代化階段則更是遙遙無期。❺

五、結　語

社會科學裡理論架構建立的目的在於提供一個有可信度且可驗證的典範。雖然說，理論並非絕對性的，但是它的解釋要能讓人信服。

我們在這一篇論文裡提出了一個建立在臺灣成功經驗的理論架構，從發展階段、催變因素、發展特徵以及策略觀點上來分析臺灣由傳統社會而邁進現代化社會的過程。我們也用這一理論架構來討論中共在中國大陸之缺乏上述因素之結果而致發展緩慢與停滯不前。我們相信這理論架構不僅是用來解釋臺灣與大陸，也可用在東亞其他國家的發展經驗上。

---

❺ 有關討論近年來中國大陸四化運動下的經濟改革的論著數量相當多，如：Elizabeth J. Perry & Christine Wong, eds., *The Political Economy of Reform in Post-Mao China*. Cambridge, Mass.: Harvard, 1985. Dwight Perkins and Shahid Yusuf, *Rural Development in China*. N.Y.: World Bank, 1984. A. Doak Barnett & Ralph N. Clough, eds., *Modernizing China*. Boulder: Westview, 1986. 鄭竹園，《中共經濟的診斷》。臺北：聯經，1983。

海峽兩岸犯罪狀況之比較

海峽兩岸犯罪狀況之比較

一、前言：現代化與犯罪

　　一個社會之穩定與安和，端賴其成員對社會規範之遵守與否。當社會裡絕大多數的成員遵守並服從社會所制訂的規範時，社會大致會是穩定的，社會的整合程度自然亦高；但是如果社會規範不爲人們所遵守，社會秩序必亂，其整合程度亦低。

　　社會規範（social norms）是社會對其成員所制訂的行爲準則，指引人們那些行爲是社會所允許的，那些行爲是社會所不能接受的。社會對遵循社會規範者，通常會有所獎勵；對違反者亦有懲罰。

　　絕大多數的社會規範是社會習俗和傳統累積下來的行爲準則，並不需明文規定，也無需嚴格執行。社會成員在社會化的過程中學習到這些規範，而形成其人格之一部分，自然而然地養成遵守社會規範的習慣，達到人際關係的和諧與社會的整合。

　　但是也有一部分的社會規範是以法律條文來明文規定的。違反這類型的行爲卽是所謂的犯罪。這些犯罪通常較嚴重，足以損害社會的安寧；因此以明文規定，用外來的力量來約束和控制人們的行爲。（Clinard & Meier, 1985)

　　社會學家及犯罪學家都同意：社會規範（包括明文規定的）受時間和空間因素的限制。同一種行爲在不同的社會或不同的時代可能就會有不同的認定。例如：中國舊式社會裡的「七出」是用來規範已婚婦女行

為的準則，但是在當代中國社會，無論是臺灣或中國大陸，「七出」裡所限制的行為已不為今日社會所接受。

因此，在比較中國大陸與臺灣這兩個社會的社會規範（包括犯罪）時，必須注意到這相對性（relativity）。中國大陸的社會結構和臺灣的社會結構有相當大的差異；那麼，中國大陸的犯罪項目不一定會在臺灣發現；臺灣所具有的犯罪項目，大陸也不一定就該有。即使發現兩岸皆有，其嚴重程度以及控制方式也都可能不同。

一個海峽兩岸在這方面的共同趨勢是在工業化的影響下，犯罪率逐漸昇高，同時犯罪的類型亦趨向複雜。大體上來說，臺灣在一九七〇年代以前是相當穩定的社會，犯罪率低，社會整合程度亦高。在一九八〇年代以前，中國大陸也是一個低犯罪率的社會，工業化與犯罪的增長顯然有某種程度的關聯。

犯罪學家施莉（Louise Shelley）認為現代化的本質就具有對犯罪行為有利的特徵，例如：不均衡的經濟成長，不平等的財富分配，都市人口的集中，以及傳統社會規範的消失等等。（Shelley, 1981）當代落後國家的現代化趨勢，大致上是走向資本主義的途徑。因此，犯罪行為在資本主義開發過程中更顯突出。社會學家艾達寇拉（Peter Iadicola）認為這是因為資本主義社會剝奪了人們充分社會參與的機會，犯罪變成一種社會成員發洩不滿與挫折的管道；同時，犯罪也替一些不幸的成員提供了滿足其資本主義物質享受的捷徑。（Iadicola, 1983:17）

臺灣社會近年來犯罪的昇高，正反映了現代化理論上的解釋，它可以被視為臺灣現代化發展中的一項負面成果。雖然犯罪的昇高不是現代化的「必然」結果，但是從大多數由落後而步上現代化國家的經驗觀之，它卻是常有的後果，臺灣社會並不例外。（Tsai, 1993）

在七〇年代經濟改革之前，中國大陸是一個高度極權的國家。對內，政府嚴格控制人們的一舉一動，衣食住行的基本需求由政府掌握，

資本主義社會裡常見的犯罪行為，如偷、盜、搶、殺等在中國大陸少而又少，在「均貧」的假平等制度下，人們被迫嚴格遵守由政府強制規定的社會規範，脫軌不得。對外，它是個封閉的社會，外來文化和犯罪行為無法感染到中國大陸人民。因此中國大陸能免疫於外來犯罪之類型。

　　但是，七〇年代經濟改革以來，中國大陸逐漸採取資本主義發展經濟的策略。所謂「對外開放，對內搞活」的經濟政策，很明顯地把中國大陸推向了另一境界。類似資本主義社會之經濟及生活方式改變了中國大陸的封閉與落後，也鬆弛了中共政府對人民的全面控制。因此，近年來資本主義式的犯罪行為逐漸在中國大陸出現，衝擊了中國大陸社會之穩定。

　　本文的目的在於分析討論和比較海峽兩岸不同社會體制下的犯罪類型，並以七〇年代以後的兩岸社會為重點。這個主題看來簡單，但事實則不然。臺灣的犯罪統計資料完整，其犯罪項目的分類亦符合國際一般通用的標準，同時年代的涵蓋亦可追溯數十年，提供一長期性的觀察。但是中國大陸的犯罪統計幾乎完全不存在，長期性的犯罪趨勢之分析則是不可能的，同時，即使當今的犯罪資料也極零碎，並欠缺確實可信性。因此，不可能將兩岸犯罪率做量的統計比較分析。本文所能做到的：只能依公開的零碎資料做兩岸犯罪類型的質的比較。由社會結構的立場和角度觀點來比較兩岸的犯罪現象。

二、臺灣地區的犯罪問題

　　最近數年來，臺灣地區所做的幾次民意調查裡，人們最關注的生活品質惡化的項目是犯罪問題的日益嚴重。雖然從八〇年代以來，臺灣的民主憲政運動和抗爭似乎已成為人們所注目的新聞焦點；但是，人們最關心的仍是臺灣治安的惡化。 (Tsai, 1989; 1990)

　　李登輝先生接任總統之後，任命郝柏村組閣的一個主要理由是希望由軍人出身的郝柏村以強勢來治理臺灣的治安問題。事實上，郝內閣亦一直以「治安內閣」自命。試圖以軍警聯合的組織及人力來打擊犯罪分子，壓制並改善逐漸惡化的治安問題。郝柏村「治安內閣」的成敗不是本文討論的範圍，臺灣犯罪率的增長卻是相當明顯的。翻開每日的報紙，偷、搶、盜、吸毒、走私等問題仍然相當醒目。

（一）犯罪統計

　　由於臺灣的犯罪統計資料尚稱完整，讓我們先借用統計數字來討論臺灣的犯罪問題。

　　表一是把一九六二至一九九一年臺灣犯罪發生率（簡稱犯罪率）和犯罪人口率逐年列出，用以顯示兩者之成長趨勢。

表一: 臺灣地區歷年犯罪率與人口率，（1962～1991年）

（單位：件／萬人）

年	犯　罪　率	犯罪人口率	年	犯　罪　率	犯罪人口率
1962	34.01	25.37	1978	28.65	23.08
1964	37.94	22.99	1980	29.67	25.32
1966	35.88	25.21	1982	24.39	20.92
1968	27.71	22.85	1984	27.64	26.05
1970	26.64	23.22	1986	48.14	41.75
1972	24.38	19.94	1988	44.58	41.19
1974	26.57	24.36	1990	45.36	42.87
1976	26.91	25	1991	60.01	71.10

（資料來源：《中華民國臺灣地區社會指標統計》，民80年，頁234。）

　　犯罪率是指每一萬人口中該年所發生的犯罪案件的比率。如果從犯罪率來看，則臺灣在一九六二年至一九八六年以前的犯罪率並不高，而且相當穩定。但是從一九八六年開始就發生了急昇的現象，而在一九九一年更是加速地昇高到每萬人60的極高點。同樣地，犯罪人口率亦呈類似的成長趨勢。犯罪人口率是指每一萬人口中犯罪者人數的比率。一九九一年已昇高到71.10 的極高點。

　　如果把上述兩項統計數字用成長曲線圖來呈現，如圖一，則臺灣犯罪問題的日趨嚴重性，清晰可見。

圖一：臺灣地區歷年來犯罪趨勢圖

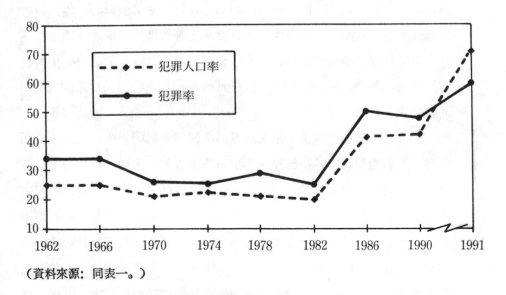

（資料來源：同表一。）

　　因此，臺灣的治安眞正發生亮紅燈的脫節，應該是一九八〇年代中期以後的事。原因很多，大致上我們可以歸納成下列幾點：

　　第一，不平衡的社會與經濟發展：臺灣在早期的發展計畫，完全疏忽了社會建設。因此，經濟起飛得快，人民的物質享受提高了，但是非

經濟層面的社會建設，則落後得無法搭配得上經濟的快速成長。翻開一九八〇年代以前政府所擬訂的經濟建設計畫，根本找不到社會文化建設項目。一直到一九八〇年代後半段，才能找到比較全盤性的國家建設計畫，把社會與文化的建設包括在內。

第二，外來文化的影響：臺灣的經濟雖然在一九七〇年代已起飛，但是臺灣社會與外來文化的接觸並不頻繁。但是在一九八〇年代，臺灣的經濟成長已轉變至高度出口與高度消費的型態。跨國公司開始在臺灣設立分公司，而本地的工商業界亦紛紛仿效國外的管理經營方式。再加上資訊的發達，許多新的資本主義國家的犯罪方式逐漸傳入臺灣，成為臺灣的新負擔。一九八〇年代盛行的經濟犯罪，如葉典雄的五千萬詐財案(1980)、賴榮三和賴陳松香夫婦的七、八億詐財案(1983)、楊雲敏的五億詐財案（1983）等大案子，而且當事人都奔逃國外留居。同一時期內，李師科搶劫臺北市土地銀行古亭分行更是臺灣戰後的第一件銀行搶案。此後，經濟犯罪、搶劫金融機構就成為一九八〇年代以來的重要犯罪行為項目。

第三，傳統社會價值的消失：臺灣在經濟發展過程中，人口流動頻率高；人們由鄉村向城市流動，由小城鎮向大都會流動，以尋求工作機會。結果都市人口大量增長，造成都市的各種問題。同時，傳統以家庭為中心的社會控制方式，因子女外出他地工作而無法產生效用；而都市生活的壓迫感以及工廠工作的疏離感更造成人們違規的行為及心態。中國傳統的社會規範係由家庭、親友及鄰里來約束人們的行為，並整合人們的價值觀；但在這高流動率、高消費型的目前臺灣社會裡，家庭、親友、鄰里變得疏遠而無助。

第四，臺灣警政制度的落後：中華民國的刑法是一九二〇年代制訂的。其中許多條文都已不能適用於當今臺灣的現代化社會；某些新犯罪行為有找不到法律條文為依據加以懲罰的矛盾現象。再加上中華民國在

臺灣的司法機構一直受國民黨的指揮支配，無法取信於民；司法不公一直是臺灣老百姓抗爭的原因之一。另外，各地的警政單位成員素質參差不齊。有少數警員不僅辦案不力，而且跟黑道掛鈎，使原本已亂的社會更亂。

第五，轉型期的政治：臺灣的政治在一九八〇年代逐漸由強人專制政治走向民主憲政政府。開放報禁、在野黨的組黨成立、解嚴、大陸探親旅遊等等都給臺灣帶來相當大的衝擊。再加上政府官員領導階級的權力鬥爭，臺灣呈現一片脫序的景象。一些人趁此轉型時期的空隙，鋌而走險，造成犯罪人口的急速上昇。政府對法律的執行不力和不公更間接鼓勵人們犯法。（Tsai, 1993: 142-148）

總而言之，從犯罪統計資料來看，臺灣的犯罪率從一九八〇年代下半期以來，就一直呈急速的增加趨勢。雖然一九九〇年代初有郝柏村的「治安內閣」的整頓，並未能嚇阻犯罪的惡化。

（二）犯罪類型

以犯罪類型來分析，臺灣有四分之三的犯罪是屬於財產型犯罪。非財產型的暴力犯罪則是四分之一。例如，一九八七年的全部犯罪中，財產型占72.6%，非財產型占27.3%。但兩者增加的趨勢皆相當明顯。

從表二臺灣歷年來主要犯罪項目狀況來分析，汽車竊盜的案件增加最明顯，由一九七九年的2.61犯罪率增加到一九九一年的14.17；增加了五倍半。至於暴力型的非財產犯罪，如故意殺人、擄人勒贖、恐嚇取財、強盜以及強姦輪姦亦有明顯的增加。唯一沒增加的是一般竊盜項目。

由此可見，臺灣的一般竊盜在一九八七年達到最高峰以後就呈下降，而其他的項目則日益惡化。汽車竊盜的增加主要反映出近年來國民所得的增加，國民購買力提高，購買汽車已是大眾化的消費行為。根據政府的統計資料，一九七三年臺灣每萬人平均擁有123.4輛汽車，但至一九九一

年時則已急增至 1,625.8 輛，增加十三倍。（行政院主計處，1992：202）因此，偷取汽車成為犯罪的主要項目，尤其近年來發生數件偷車解體再運送到中國大陸出賣的案件，更可見竊取汽車有利可圖。

表二：臺灣歷年來主要犯罪項目狀況

（單位：件／萬人）

年	一般竊盜	汽車竊盜	故意殺人	擄人勒贖	恐嚇取財	強姦輪姦	強盜
1971							
1973	—	—	0.60	0	—	—	0.32
1975	—	—	0.74	0.02	—	—	0.52
1977			0.79	0.01	—	—	0.36
1979	11.27	2.61	0.75	0.01	—	—	0.44
1981	13.51	2.59	0.67	0.02	0.32	0.27	0.71
1983	11.49	4.03	0.77	0.05	0.35	0.24	0.94
1985	11.08	4.43	0.71	0.04	0.44	0.40	1.31
1987	14.16	5.02	0.80	0.04	0.51	0.45	1.31
1989	8.99	12.16	0.85	0.08	0.47	0.30	2.21
1991	7.63	14.17	0.87	0.06	1.28	0.37	1.65

（資料來源：《中華民國社會福利指標》，1992，頁236-241。）

上述的統計資料是注重在幾項數目較多的犯罪項目，其他幾項民眾相當關注的項目並未涉及。這些項目包括：貪污和賄選、娼妓賣淫等性犯罪，以及煙毒販賣及吸食人犯等。這些項目雖然從犯罪總數來看，數目並不多，所占的比例亦不大，但是卻都是近年來社會很關注的犯罪項目。

不過，政府對貪污和賄選的統計資料幾乎等於零。如果看政府的犯罪

統計，每年發生的貪汚案只有一、二件而已，而賄選更是「事出有因，查無實據」，好像臺灣沒有這問題的存在。「明眼人說瞎話」人人皆知。在性犯罪方面，政府的統計資料偏重於強姦和輪姦等兩項嚴重的性犯罪暴行，但對所謂「無受害者犯罪」（victimless crime）的娼妓賣淫則並未計算在內。因此，性犯罪的嚴重程度難以從數目上看出。至於煙毒犯罪的統計資料也是近幾年來政府才有系統的加以處理的。

因此我們只有依賴學者們和地方民間機構的實地調查資料，以及報章雜誌上的消息做爲以下討論的根據，希望能間接點出臺灣下列幾個問題的嚴重性。

(1) 貪汚犯罪: 如果單單從貪汚案件在犯罪總數來比較，其數量實在微不足道。但是如果從社會關注的角度來看，貪汚卻是八○年代以來臺灣最嚴重的犯罪問題。❶

根據黃光國（1991）引用中央研究院民族學研究所的「臺灣社會變遷基本調查」中一項認定臺灣社會問題嚴重性題目的統計，有21.1%認爲臺灣的貪汚問題嚴重，居各項問題之首; 認爲賄選問題嚴重者占19.6% 居次，經濟犯罪問題居第三，占17.5%。在犯罪學領域裡，上述這三項都屬於「白領犯罪」（white collar crimes），亦卽利用職權圖利自己或他人的犯罪行爲 。 黃光國指出， 表面上看來貪汚和賄選兩者毫無關聯，但是由於八○年代臺灣「金權」政治的遊戲大量吸引金牛，使貪汚和賄選，二而爲一。他說:

> 「貪汚」和「賄選」竟成爲臺灣政治生態鏈中緊密相扣的兩個環
> 節。賄選花費的龐大金錢，迫使公職人員在當選之後，必須設法

---

❶ 根據法務部1991年偵辦貪汚瀆職的「成果」統計，共查有 483 件，1,335 人， 犯罪金額達3,722,000,000元左右。這數目只是「冰山裡的一角」而已。有不少是「查無實據」，有些是政治因素把案子壓了下來。

　　貪污; 貪污機會的普遍, 又誘使更多的人用「賄選」的方法在選戰中求勝。(黃光國, 1991:486)

　　事實上, 在八〇年代晚期, 臺灣的確發生了幾件相當嚴重的貪污案件。一九八八年, 監察院五名資深職員揭發的監察委員「金牛橫行、各霸一方、假公濟私、群醜亂舞」, 震撼全國, 鬧得滿城風雨。一九八八年的榮星花園案件; 一九八九年司法院第四廳廳長吳天惠之妻蘇岡的司法黃牛、關說、行賄案件; 一九八九年法務部長蕭天讚的第一高爾夫球場關說案等均是八〇年代晚期的幾件大案。九〇年代貪污風氣之盛更是有增無減, 例如, 一九九二年高速公路的「十八標」案, 一九九三年購買匈牙利公車舞弊案。另外, 中油、臺電、唐榮等公營企業也連續爆發了幾件驚人的貪污案件。一九九二年底的中央民意代表選舉, 金牛橫行和賄選買票等違法事件更是眾所周知的事。最近一九九三年, 政府官員和中央民意代表在「陽光法案」下公布其擁有的財產, 很多民眾都驚訝「怎麼會那麼多?」《中國時報》的一項民意調查發現, 過半數以上的受訪者表示政府官員的財產比他們想像的要多很多。「上樑不正」已是臺灣最嚴重的犯罪問題。

　　我們把重大經濟犯罪跟貪污和賄選放在一起談, 並不是說所有的經濟犯罪皆跟官員有涉及, 而是近年來的經濟犯罪已非七〇年代單純的倒債或捲款出走而已 (例如鄭文彬、葉依仁、賴榮三、楊雲敏等案), 官商勾結的經濟犯罪在六年國建的大餅之下, 已成臺灣司空見慣的腐敗欺民犯罪行為。如果政府有心肅貪, 建立廉政, 在舉發和處理這類案件時應該更加積極, 光說不做, 無濟於事。

　　(2) 煙毒犯罪: 八〇年代以來, 臺灣犯罪行為的一項新發展是煙毒犯罪者的劇增。根據《中國時報》一九九三年五月份一項近十年來的煙毒案件統計來觀察, 一九八三年因販賣運輸煙毒而判決有罪者只有一百

一十八人，吸食施打犯罪者七百一十人，其他觸犯煙毒條例判決有罪者
是八百八十五人。但至一九九二年時，上述三項煙毒犯者分別增至六百
零六人，四千三百零九人，及三千四百二十三人。而至一九九三年四月
底累計在監之煙毒犯亦有八千七百一十九人之多。詳情請見表三:

表三: 近十年來煙毒犯罪狀況

年	販賣運輸	吸食施打	觸犯煙毒條例
1983	118人	710人	885人
84	185人	880人	1,139人
85	154人	920人	1,154人
86	189人	873人	1,121人
87	150人	941人	1,139人
88	147人	890人	1,115人
89	162人	1,676人	2,011人
90	313人	2,262人	2,370人
91	324人	2,410人	2,991人
92	606人	4,309人	3,423人

（資料來源:《中國時報》，民82年5月3日，頁4。）

　　如果從煙毒的種類來分析，則以海洛因最多，其次分別為嗎啡、大
麻、高根及罌粟等。表四列出一九八六年至一九九一年間上述煙毒查獲
數量。海洛因是持續成長，而嗎啡、大麻及罌粟則在一九九一年突增。
至於高根則並無一九九○或一九九一年的案件。

　　海洛因使用最廣，其來源主要是由國外或大陸走私進口。近年來國
內查獲的主要案件包括一九九二年陳碧地以貨櫃自泰國進口的八十八公
斤、藍淳淵用漁船自大陸走私的六十二點三公斤、許文大自大陸走私入
臺的四十公斤，一九九二年陳春化走私七十公斤、傅祝耀自泰國攜返的

表四: 查獲煙毒數量 (1986～1991年)

年	總案件	海洛因、	嗎 啡	大 麻	高 根	罌 粟
1986	628	10,093	647	22	2,705	800
1987	759	14,188	993	214	0.03	0
1988	883	10,671	1,987	929	0.3	0
1989	1,125	12,252	1,930	34,571	84	0
1990	1,063	25,228	60	61,480	0	0
1991	1,236	43,234	4,600	1,602	0	8,400
合 計	5,694	115,666	10,217	97,818	2,789.33	9,200

十五公斤、王春容自大陸走私進口的二十二公斤等。最大的案子則是許張、郭清益等五人以漁船自泰國外海接駁返臺的三百三十六公斤。

調查局和一些專家的估計大致上認爲所查獲的走私煙毒品,只有實際走私數目的十分之一而已。走私方式相當複雜高明,防不勝防。而且臺灣吸毒人口每年據估計大約增加三千人,捉也捉不完的。

煙毒犯的人口多數集中在二十四歲至四十歲之間,教育程度集中在國中程度,職業則以無業及從事生產、勞動的藍領階級最多。不過近年來,年齡有年輕化的趨向。❷ (楊天佑,1992:10)

(3) 性犯罪: 性犯罪在臺灣包括強姦罪 和色情娼妓的 妨害風化罪行。根據行政院內政部刑事警察局的統計資料,強姦案件數目歷年來有

---

❷ 內政部主編的《中華民國八十年內政統計提要》以相當多的篇幅列表統計煙毒犯罪之特徵,可供參考。其內容包括臺灣地區煙毒破獲案件、毒品數量、吸毒人犯年齡、教育、職業分配等。

遞增的現象趨勢。由一九七四年的三百四十七件增至一九九一年的七百
六十六件，犯罪者數目也由三百九十四人犯增至六百七十八人犯。不過，
如果從犯罪率和犯罪人口率的角度來看，則八〇年代上半期是在增加，
但八〇年代的後半期則是降低的趨勢。例如，犯罪率的最高峰是一九八
七年的0.45；犯罪人口率的最高峰也是一九八七年的0.46。此後皆呈下
降趨勢。因此，強姦犯罪似乎並沒有過分的惡化，其在犯罪總數中比例
亦不太多。

表五：性犯罪（強姦、輪姦）狀況
（1974～1991年）

年	發生數（件）	犯　罪　率（件／萬人）
1974	347	—
1976	515	—
1978	445	—
1980	503	0.29
1982	439	0.24
1984	597	0.32
1985	767	0.40
1987	885	0.45
1989	605	0.30
1991	766	0.37

（資料來源：《中華民國社會指標》，1991，頁240-241。）

　　臺灣比較嚴重的性犯罪可能要算是酒家、茶室、酒吧及妓女戶裡暗
藏的娼妓問題。此類性犯罪在犯罪學裡稱之為無受害者犯罪。也就是說
嫖客是在願打願挨的情況下與妓女發生性交易，不算是受害者。至於從

事性交易的妓女有多少，並無實際數目。但是根據瞿海源引用 McCaghy 和侯崇文兩人在一九八九年的估計，臺灣至少有四萬個和性交易有關的營業單位，妓女約占婦女人口的 4％左右。(瞿海源，1991:518)

另外一項估計是勵馨福利基金會執行長梁望惠的資料，她認為全臺灣地區約有二十萬女性從事性交易的色情行業。其中有三分之一是十八歲以下的「雛妓」，大約超過七萬人。而雛妓中有二萬五千少女在色情 KTV 服務，在賓館和旅館服務的有一萬四千多，妓女戶者反而只有一千一百二十二人左右。梁望惠的調查尚未包括俱樂部、休閒中心、歌舞團、冰果室、西餐廳及私娼。所以整個數目應大於上述估計是無庸置疑的。(《中時》，1992:10)

瞿海源認為臺灣雛妓問題的原因，大致上可以分為五類：(1) 經濟困難。因家庭經濟困難而被迫或自願賣淫；(2) 家庭的非經濟因素。父母管教有問題，或家庭破碎因素；(3) 社會對雛妓之不當需求；(4) 少女本身勢弱，無力抗拒外來壓力；(5) 立法與執法上的嚴重缺失等。

其他的犯罪型態，例如，從一九八八年至一九九一年的三年期間，臺灣地區就發生了金融機構搶劫案九十七件，總損失金額高達六千七百零八萬元；綁票案和殺人案也不少，對社會治安影響亦鉅。由於篇幅所限，不能一一詳提。

三、中國大陸的犯罪問題

研究中國大陸的犯罪問題是一件相當困難的事。一方面是因為中共官方的統計資料闕如，另一方面則是中共對犯罪的執行和判定常受政治氣候的影響。在這兩難之下，研究者無法客觀的研究分析其問題之嚴重性。

在七〇年代中期開放以前，中國大陸一直被認爲是一個犯罪率低的國家。偷、搶，殺等常見的犯罪行爲在開放以前的中國大陸事實上也是相當罕見。如果我們據此而肯定中國大陸的低犯罪問題，則未免太淺見和短視。

從中共一九四九年建立政權以來，各種各樣的運動連續不斷的在推行，從早期的「三反」、「五反」運動、「百家爭鳴」的打擊知識分子、「反右」運動、「文化大革命」運動、「反資本主義路線」運動等等一直到今日的肅貪運動，無一不是中共當局對犯罪的打擊行動。(Tsai, 1993)

正如上面我們給犯罪下的定義，犯罪是一種違反社會規範的社會行爲，經由政府以法律明文規定制裁之。因此，政府擁有決定甚麼才是犯罪行爲，怎麼樣制裁那些行爲的絕對權力。在一個民主國家裡，法律的制訂必須經過代表民意的立法機構通過，而法律的執行也必須依法辦事。因此，合法與違法的界限相當清楚，人民也容易遵行服從。但是在中共這樣一個完全以領袖心意爲指導原則的政治裡，在上者可以隨心所欲判定對錯，合法與違法，良民與犯民。在各種運動裡，數以萬計的無辜民衆在政治領袖的詭計下被歸類成犯民，判刑入獄。從這種角度來看，開放以前的中國大陸的犯罪率是相當高的。

中國大陸在開放以後的犯罪行爲有了些轉變。由於政府在鄧小平全力推動「四化運動」的大前提下，毛澤東時代的政治鬥爭比較減低，因思想路線錯誤而遭列爲犯民者人數也減少。但是也正因爲鄧小平的開放政策，中共對人民的全盤控制失去了掌握，而社會也因經濟開放而產生了一切向錢看的心態。與經濟有關的貪污、官倒、搶刧、詐欺等等犯罪行爲也逐漸昇高。開放前的中國大陸緊得讓人透不過氣來，人們整天爲政治鬥爭擔心；開放後的中國大陸則亂得失控，偷、盜、搶、貪橫行民間，社會治安受嚴重破壞。

（一）零碎的犯罪統計

中共對犯罪的統計整理並不完整。由於犯罪是「丟臉」的事，是破壞社會主義形象的行為，中共很少對外公開中國大陸的統計，卽使是已公開的零碎統計裡，也讓人懷疑是否有隱而不報的偏低現象。在這種情況下，對中共歷年來犯罪趨勢的分析，實在是不可能。同時，對犯罪數目的分析也失之偏差。因此，在下面所提到的統計數目並不能代表中國大陸實際的犯罪狀況，只能用供參考而已。

※「中國最高人民法院院長」於一九八七年四月對人大提出報告指出：從一九八四至一九八六年，中國大陸的犯罪率大約是每萬人有五件左右；一九八六年是五點二件，刑事案件有二十九萬八千件，犯人三十二萬五千人。其中暴力型犯罪約占三分之一。(《國際日報》，1987年4月9日，頁10)。

※中共「新華社」一九八六年十二月報導，在一九八三年至一九八五年的三年內，共查獲了總價值七億一千四百萬元人民幣的贓物。(《世界日報》，1986年12月22日，頁18)。

※中共「最高人民法院院長」鄭天翔在一九八六年四月對人大的報告指出：一九八五年刑事案件有二十四萬六千件，犯人有二十七萬七千人。過去三年共處決了大約二萬人。(《國際日報》，1986年4月12日，頁10)。

※一九八八年中共各級「人民法院」共受理刑事案件三十一萬三千三百零六件，民事案件一百四十五萬五千一百三十件。刑事案比一九八七年增加8.2%，民事案增加19.9%。(共產問題研究中心，1991，頁175)

※香港《動向》雜誌報導：從一九八六至一九九○年間，大陸查辦了一百七十萬以上的刑事案件，三十一萬宗經濟案件，涉及金額九十億人民幣；走私案九十五萬宗，涉及金額二百八十億人民幣。一九九○年底全國服刑、勞改者有一百八十萬人。(羅冰，1991：6-9)。

※中共最高人民法院院長任建樹和檢察長劉復之於一九九二年三月
向人大報告指出：一九九一年各級法院審結刑事案件四十二萬七千六百
零七件，定罪人犯五十萬九千二百二十一人。（中共問題資料雜誌社，
1992：14-15）❸

　　爲了方便讀者起見，我們把上述資料列成表六，以供參考。

表六　中國大陸犯罪狀況
（1985～1989年）

年	刑事案件	人　　犯
1985	246,000	277,000
1986	298,000	325,000
1987	322,436	—
1988	313,306	—
1991	427,607	509,221

　　中國大陸近年來非政治性質的一般犯罪急速增加的原因很多，歸納
來看，大致上可以包括下列幾項原因：

　　第一，七○年代以來經濟開放，人民在物質生活下產生一切向錢看
的心態，造成嚴重的經濟犯罪。以往，中國大陸人民的食衣住行全在政
府的控制下，金錢和財富起不了作用。但是當中共允許部分私有財富以
後，財富的積存可以換得物質上的享受。因此，盜、搶或貪污成風氣。

　　第二，七○年代開放以後，貧富間階級分別色彩比以往濃厚。鄧小

---

❸　另外，根據香港《文匯報》的估計，1986年大陸的刑案有 430,000件，犯
　　罪人數480,000人。1987年刑案約460,000件，犯罪人數約 530,000人。這
　　個數目顯然比表六所列要高。許多學者都認爲中國大陸的犯罪數目實際上
　　要比政府公佈的至少要多一倍以上。

平的讓一部分人先富起來的政策，造成貧窮者對新出現的富人階級心理上的不平衡，鋌而走險。

第三，中共官僚的權力濫用。在毛澤東時代，權力被用在欺壓人民身上。在鄧小平時代，權力則被官僚們運用在「官倒」、貪汚上；為私人謀財富，權與錢兩者合而為一。官員素質不高，競相與民爭私利。

第四，中共專制集權控制手段的失效。上樑不正，下樑歪，無法取得民心。再加上地區經濟發展的各自為政，中共中央對地方的掌握已非昔日可比。

第五，中國大陸近幾年來大量的「盲流」給發展中的大都市造成了嚴重的社會問題。這些失業的流民，無親無戚，鋌而走險。

第六，中共法制無法配合社會的新經濟發展。其人治仍比法治重要。無法據理訂法，打擊犯罪。一九九二年五月召開的第九次全國檢察會議裡，喬石就提出要增加新罪名，並賦與檢察機構新偵察手段。（中共問題資料雜誌社，1992：14-15）

臺灣的「共黨問題研究中心」提出下列五點原因：

(1) 中共認為：一定範圍內的階級鬥爭，還繼續存在。

(2) 十年文革遺毒，尚未完全消除。

(3) 個人主義與無政府思想，惡性膨脹。

(4) 中共所謂資本主義腐朽思想及生活方式之引誘。

(5) 公安及執法當局，打擊不力。（共黨問題研究中心，1991：15。）

中國大陸從一九四九年至一九七〇年代中葉是一個封閉的社會。在政府完全控制下，政治色彩的犯罪是其特色。近年來，由於經濟開放與外界接觸的增加，一般性的經濟和暴力犯罪案件和人口皆急速上昇，目前中國大陸正由共產主義的生活方式轉變到半資本主義的生活方式，社會由緊而鬆，傳統的社會規範在轉型期過程中失去了原有的明晰範疇，

違規的犯罪行爲遂成爲大陸社會經濟開放後的一個負面後果。

（二）犯罪類型

（1）貪污犯罪：如果說貪污是中國大陸八〇年代以來最嚴重的犯罪問題，一點也不過分。因爲貪污動搖了中共建立政權以來的基本根基。

貪污在中國歷代政治傳統上是官僚政治的一部分，尤其明清兩代，官員貪污受賄蔚然成風。民國以來，國民政府官員腐敗、貪污、聚財等敗壞行爲更是國民黨在大陸徹底失敗的最大原因。中共在一九四九年建立政權初期以武力嚴懲腐敗官員，大力整肅貪污，得到相當正面的效果。大致上來講，中共在一九五〇年至一九七〇年代期間，貪污問題並不嚴重。

但是自從鄧小平經濟開放以來，政府官員、共黨幹部利用權勢貪污謀私利的歪風已達到了無法忽視的局面。中共領導階層把貪污的行爲歸類於五種因素：（1）黨政官僚自由主義與個人主義思想作祟；（2）舊社會的封建主義的餘毒；（3）黨政官僚以權謀私的心態；（4）資本主義社會腐朽思想與生活方式；（5）司法制度的不完備，無法追究責任。

葉明德引用中共的資料顯示，大陸各級法院受理經濟犯罪數目年年增加。所謂經濟犯罪係包括貪污、盜竊、行賄受賂、偷稅抗稅、走私套匯、投機詐騙等，雖然中共的犯罪統計資料往往沒有細分貪污案件的數目。但從每年受處罰違紀黨員人數的增加也可以想像得到問題的嚴重性。（葉明德，1986:10）

中共自承，自一九八三年至一九八七年間，共有五萬名黨員被控違法，並遭開除黨籍；五十萬名黨員違紀受處罰；一九八七年一年內開除十萬九千餘名涉嫌貪污、受賄、濫權之黨員幹部；一九八八年一至四月，各地審查之幹部貪污、受賄案件一萬餘件；記訴之經濟犯罪分子三千四百餘人。（中共問題資料雜誌社，1988:9-10）

中共「最高人民法院副院長」在接受《瞭望》周刊記者採訪時曾透

露一九八五年間所破獲的經濟大案，每三名被告中至少有一名是官員。廣東省「檢察院檢察長」蕭揚在另外一項會議上亦稱：廣東省的經濟犯罪有兩大特點：一是國家工作人員犯罪比例上升，大約占經濟犯罪的一半；二是賄賂案件的比例上升，占經濟犯罪的20％強。（《國際日報》，1986年10月20日，頁3）

中共「最高人民檢察院」的報告指出：一九九〇年一月至九月間已辦結的貪污賄賂案件三萬六千一百九十件，金額達五億二千六百萬元人民幣。（中共問題資料雜誌社，1991：10-11）

貪污問題的嚴重性驚動了中共中央。近年來，鄧小平、江澤民、李鵬等中央領導人物皆曾批示嚴辦腐化的黨員。一九九三年四月，陳雲更把腐化黨風的貪污和賄賂列為中共當前七大問題之首。（關川，1993：20）

中共的貪污和賄賂型態花樣很多，不過最主要的還是中共幹部藉權勢與商人勾結套匯詐財或自營公司企業，倒賣國家產業，中飽私囊。大致上可以歸納成五類：

1. 以各種公司、中心、商行的名義，利用合同或製造假合同進行投機詐騙；

2. 一些國家機構和國營、集體企業單位為了個人利益和社會上不法分子互相勾結，大搞經濟犯罪；

3. 腐化的黨員幹部鑽政策、制度和管理上的漏洞，進行犯罪活動；

4. 內外勾結、上下串通，共同犯罪；

5. 利用特權為不法商人牟利。

中共「國家經委副主任」袁寶華亦曾批判「濫發獎金、補貼和各種實物」和「領導幹部利用職權、揮霍公款、請客送禮、搞特殊化」、「以權謀私，損公肥私、化公為私，一切向錢看」。中共「中央書記處書記」王兆國稱「有些幹部一味追求名利地位，利用職權謀私利。講排場，比闊氣；爭相購買進口汽車，假借各種理由爭相出國，利用公款請客送

禮，遊山玩水」（葉明德，1986）

七〇年代開放以來，貪污和經濟犯罪數目之多，種類之繁，是中國大陸最嚴重的犯罪問題。❹

（2）性犯罪：性犯罪包括強姦、輪姦、娼妓等嚴重違反社會規範的行為。中國大陸的強姦和輪姦等暴力型的犯罪雖在近年來逐漸上升，但是中共最關注的還是娼妓性買賣的犯罪行為。在毛澤東時代，娼妓問題在中共當局的全面壓制下，幾乎不存在了，性病也被社會主義消滅了。但是近年來開放的結果，性買賣犯罪行為大量的劇增。雖然統計資料難查，但從中共官方近年來的大力「掃黃運動」的戰果可以間接看出問題的嚴重性。

中共「公安部副部長」俞雷在福州的一次座談會上談到，在一九九一年冬季有關部門共抓獲賣淫嫖娼四萬九千多人，其中妓女一萬八千零九十五人，嫖客二萬五千四百三十人，賣淫團體一千二百零六個，成員六千五百五十一人。（《動向》，1992:29）

一九九二年三月底中共「公安部」公布的掃黃戰果：各地清除、查封、取締了各類的色情賣淫的酒吧、舞廳、放映場所、髮廊、旅社、俱樂部等二萬九千間，處理教育了約十八萬名婦女，及嫖客近二十萬人，還有十二萬人被遣返原地接受再教育。廣東省「公安廳」的內部資料顯露：一九九一年全省共出動三十多萬人次進行四次大規模行動和十八次中、小規模的掃黃行動，共有五千八百多家酒吧、舞廳、卡拉ＯＫ、髮廊、旅店、路邊飯店分別遭到查封 、 取締或暫停營業的處分 。 遣送回原籍的南下女青年近八萬名，查獲嫖客六萬多人次。深圳地區則牽涉到一千八百多家，嫖客一萬二千多名。 （方峻，1992:28）據中共「公安部」統計，一九九二年查獲娼妓二十四萬二千名左右。大陸在該年發生的性病

---

❹　根據常倩在《動向》雜誌(12/93)，No.100的報導：在1993年１至４月間，檢察機關受理的貪污受賄案就達13,729件，在立案偵察的 6,097件中，萬元以上的大案有2,766件，佔立案總數之1/3強，而百萬元以上者有15件。一項在陝西省和湖南省的民意調查，68％者認為反貪污不會成功。

案有八十三萬六千起以上。

中國大陸官方與學者對礁妓型犯罪增加的原因的解釋，主要包達下列幾點：

1. 大陸女工工資低，收入少。賣淫所得往往要比一般女工高上幾十倍。在大城市，如北京、上海、廣州等地之收入更高。

2. 盲流造成的社會問題。由鄉村地區進城找事的女青年，在職業無著落、生活無保障的情況下，出賣身體陪酒或賣淫來維生。

3. 外來文化的影響。大陸近年來對外貿和外資的開放，吸引了不少外國商人和臺商港商到大陸做生意。這批外來者出手大方，招妓陪宿蔚為風氣。飯店賓館服務員為增加外快，介紹妓女，從中抽成，賺錢容易。

4. 大陸社會以往封閉，管制嚴格，人們透不過氣來。開放以後，有錢有權者藉性放縱來解悶，調整心理上之苦悶和挫折。

5. 法制不全。治安單位的包庇，使得暗娼日多，性買賣在官方睜一隻眼閉一隻眼的情況下滋長。

中國大陸娼妓問題給社會帶來了一些另外的問題，例如拐賣婦女人口、逼良為娼、性病的重新出現等等都跟娼妓問題有關。中共近幾年來，一直高唱反黃掃黃運動，可是功效不大。例如，一九九一年全國法院共審結拐賣、綁架婦女兒童、引誘、容留、強迫婦女賣淫等案件一萬一千五百九十六件，判處犯罪分子一萬八千一百八十五人。（《世界日報》，1992年3月27日頁11）

除了上述貪污罪和性犯罪兩項重大犯罪以外，中國大陸近幾年來的盜竊案件、毒品犯罪、殺人和搶劫等暴力犯罪亦有增加的趨勢。❺

---

❺　中共「衛生部部長」陳敏章在1993年12月13日指出，大陸吸毒人數已達二250,00萬人。吸毒者由雲南等西南邊境地區蔓延至四川等內陸省分。吸食的毒品也由傳統的鴉片轉向精製的海洛英。大陸的愛滋病感染者有60％是因為靜脈注射海洛英而感染的。（見《中國時報》，1993年12月14日，頁11）

四、結　論

從本論文的分析討論，我們可以看到海峽兩岸在不同社會經濟發展階段下的犯罪問題。在經濟成長的衝擊下，兩岸的犯罪率都昇高了，而犯罪類型亦都呈多樣化。比較兩岸的犯罪可以從下面幾點來討論:

從時間序列的角度來看，臺灣大致上在一九五○至一九八○年代中葉的犯罪率相當低，治安良好，社會穩定。但在一九八五年以後則犯罪率有明顯地高昇。也就是說，臺灣犯罪問題是在臺灣經濟成長高峯以後走向政治社會改革時期才產生的。中國大陸在一九七○年代以前由於政府的全面極權控制，政治型的犯罪（如反右運動、文革時期下所加諸罪名和罪犯）多，但一般非政治型的普通犯罪（如殺人放火、搶劫或偷盜）人數並不多。但是自從一九七○年代中葉開放以來，特別是在一九八○年代中葉以來，普通型犯罪日增的趨勢很明顯。也就是說中國大陸經濟一開放，犯罪率就緊跟著上昇。這一點跟臺灣是不同的。

從貪污和經濟犯罪來看，海峽兩岸皆有類似的問題。臺灣的貪污案件沒有大陸多，但金額數字比大陸大；臺灣的官商勾結是鑽法律漏洞來的，中國大陸則係中共官僚利用特權，明目張膽地，無法無天；臺灣由於國民富裕，對官商勾結的貪污的反應並不強烈。而中國大陸由於大多數的人民仍然貧困，因此對官員幹部的貪污反應比較激烈。天安門學運的一個主要原因就是要打倒推翻貪官污吏。一個共同點是兩岸的政府都在大力肅貪，顯然效果都不大。

性犯罪的娼妓問題，海峽兩岸皆有。不過臺灣的著重點是在如何拯救妓女，特別是雛妓；大陸的重點是在處罰嫖客和妓女。在海峽兩岸貿易日頻的狀況下，臺商的性文化對中國大陸的性交易有相當程度的影響。不過，大陸娼妓問題不能解決的原因，一方面是婦女窮，以賣身求

生，另一方面則是共幹治安人員的包庇，表面捉，裡面放。所謂「嫖客放、妓女收、留著妓女搞收入」的情況。

煙毒犯罪。臺灣是進口，大陸是出口。臺灣每年從大陸走私進口的煙毒一直在增加； 而中國大陸毒品走私人數在增加， 吸毒人口也在增加，特別是西南各省。

臺灣和中國大陸的社會環境和政治制度皆有顯著的差異。因此，對犯罪人犯的處理方式亦有所不同。目前大陸是以重刑來嚇阻犯罪，往往在政治安定的考慮因素下，以殺鷄儆猴的方式， 速審速決。臺灣則在走向民主化後，受了政黨因素的牽制，往往案件一拖再拖，從輕發落，甚或不了了之。因此，判刑輕發生不了嚇阻作用。

最後一項的比較是兩岸治安人員的操守問題。似乎兩岸人民對治安人員都抱持一種不信任的態度。大陸公安人員的腐化至少引起了中共中央的高度關切 。 臺灣治安人員與黑道掛鉤， 甚或牽涉到重大刑案的新聞， 也常出現在報章雜誌上。

正如一般犯罪問題分析的討論，本論文對海峽兩岸犯罪問題的討論也著重在一般非政治型的普通犯罪項目上。然而任何一個瞭解中國政治文化的人都會同意， 海峽兩岸的政府皆曾經給人民亂加罪名、 亂戴帽子。在專制的社會裡，由政府附加的犯罪罪名曾經使千百萬的中國大陸人民成爲犯罪者； 而臺灣的二二八事變， 美麗島事變也判了不少政治犯。因此，討論中國大陸和臺灣的犯罪實在應該包括政治型犯罪人數。可惜這方面的資料無從覓集，難以驗證。

在這裡，我們想提出一個理論架構，從法治精神和政府對人民控制之能力等兩個變數來比較和討論，海峽兩岸不同的社會發展階段與政治型和普通型犯罪的消長情形。對兩岸犯罪狀況演進比較的嘗試列於表七以供參考。

法治精神是指國家和人民對法律規章的遵從； 政府控制能力係指政

表七: 臺灣與大陸犯罪狀況之比較

		政　府　控　制　能　力	
		＋　（高）	－　（低）
法治精神	＋（高）	A　政治性犯罪率低 　　普通性犯罪率低	B　政治性犯罪率低 　　普通性犯罪率高 　　（1985年以後的臺灣）
	－（低）	C　政治性犯罪率高 　　普通性犯罪率低 　　（1975年以前的大陸） 　　（1985年以前的臺灣）	D　政治性犯罪率高 　　普通性犯罪率高 　　（1975年以後的大陸）

府運用治安人員與工具對人民行爲的控制。政治性犯罪係指政府從執政掌權的立場界定的罪刑，如叛亂、反動、革命等。普通性犯罪則指一般犯罪學上所包含之財產與暴力型犯罪。

　　如果從法治精神與政府控制能力這兩個角度來看，則可以分成四種犯罪狀態。A狀態的社會階段有高度的法治精神與高度的政府控制能力。在這種社會裡，政治性和普通性的犯罪率皆低。B狀態的社會裡法治精神高，但政府控制能力低。因此，政治性犯罪較低，但普通性犯罪率偏高。一九八五年以後，特別是一九八七年解嚴以後的臺灣屬於這B類型。C狀態的社會法治精神低，但政府擁有強大的控制能力，故政治性犯罪率高，普通性犯罪率低。一九七五年以前開放前的中國大陸和一九八五年以前的臺灣皆屬於這一類型。D狀態的社會由於法治精神與政府控制能力皆低，社會最亂，其政治性犯罪和普通性犯罪皆偏高。一九七五年

以後，特別是一九八〇年代晚期以後的中國大陸應屬於此類型。

　　大多數研究犯罪與現代化關聯的學者大致上同意，這兩者有正相關。也就是說當一個社會由農業轉向工業，由傳統走向現代化的過程中，犯罪率會昇高。但是如果我們把政治因素影響下的政治性犯罪項目也考慮在內，則雖然一般普通性的犯罪會昇高，但政治性的犯罪應該會下降或減少。因此，從邁向現代化的角度來看，臺灣和大陸在其演進方向上顯然有別。從表七，臺灣近年來是由Ｃ轉到Ｂ狀態；中國大陸則由Ｃ轉到Ｄ狀態。因此，大陸以後的改善可能是由Ｄ轉Ｂ。當然，海峽兩岸現代化的最終目標應該是達到Ａ狀態：一個低犯罪率的社會。

參 考 書 目

中共問題資料雜誌社編

1988　＜幹部揮霍公款成風＞，《中共問題資料週刊》336期，頁55-57。

1992　＜中共法檢兩院分別提出工作報告＞,《中共問題資料週刊》514期，頁14-16。

王淑女

1991　＜犯罪問題＞，載於楊國樞、葉啓政主編《臺灣社會問題》，頁455-482。臺北：巨流。

內政部統計處編

1991　《內政統計提要》，民80年。臺北：內政部統計處。

行政院主計處編

1990　《中華民國統計年鑑》，民79年。臺北：行政院主計處。

1992　《中華民國臺灣地區社會指標統計》，民80年。臺北：行政院主計處。

共黨問題研究中心編

1991　《中國大陸綜覽》。臺北：共黨問題研究中心。

趙卜成譯

1987　《毛以後的中國大陸人權》。臺北：亞洲與世界社。(原著者：John F. Copper, Michael Franz & Yuan-li Wu)

蔡文輝

1993　《社會學》。臺北：三民書局。

黃光國

1991　＜貪污問題＞，載於楊國樞、葉啓政編《臺灣社會問題》，頁483-508。臺北：巨流。

方　峻

1992　＜掃黃運動戰果輝煌＞，《動向》81期，頁28。

楊天佑

1992　＜反毒戰爭之治本之道＞，《中國時報》，民81年12月14日，頁10。

關 川

1993 ＜陳雲警告：七大問題嚴重＞，《爭鳴》188期，頁20。

葉明德

1986 ＜中共官僚貪汚問題嚴重＞，《國際日報》，1986年9月9～14日。

羅 冰

1991 ＜中共駐港幹部禁入淫窟＞，《動向》98期，頁6-8。

瞿海源

1991 ＜色情與娼妓問題＞，載於楊國樞、葉啓政編，《臺灣社會問題》頁509-544。臺北：巨流。

常延廷

1993 ＜搞好黨風與廉政建設的幾個問題＞，《中國大陸研究》36卷8、9期。（文件選載）

Greenberg, David F.

1981 *Crime and Capitalism.* Palo Alto, CA: Mayfield.

Iadicola, Peter

1983 "Crime and Capitalist Development,"in *New Frontiers in Sociology,* eds., by Sushil Usman and Arnold Olson. India: Stering.

Moser, Michael J.

1982 *Law and Social Change in A Chinese Community.* Dobbs Ferry, N.Y.: Oceana Publisher.

Shelley, Louise I.

1981 *Crime and Modernization.* Carbondale, Ill.: Southern Illinois University Press.

Tsai, Wen-hui

1984 "Modernization and Crimes: The Taiwan Case," *Journal of Chinese Studies,* Vol.1, pp.261-280.

1986 "Taiwan's Social Development," pp.125-138 in *Survey*

    of Recent Development in China (Mainland and Taiwan),
    1985～1986. Baltimore: School of Law, University of
    Maryland, OPRSCAS.

1989 "Social Changes Under the Impacts of Economic
    Transformation in Taiwan," *Studies in Comparative*
    International Development, Vol.24, No.2, pp.24-41.

1990 "Protest Movements in Taiwan in the 1980s," *The*
    American Asian Review, Vol.8, No.4, pp.116-134.

1993 *In Making China Modernized.* Baltimore: School of
    Law, University of Maryland, OPRSCAS.

Vogel, Ezra F.

1979 *Japan As No 1.:* Lessons for America. Cambridge, M.A.:
    Harvard University Press.

新聞客觀性原理　　　　　　　　　　　　　彭　家　發　著
發展的陣痛――兩岸社會問題的比較　　　　蔡　文　輝　著
尋找資訊社會　　　　　　　　　　　　　　汪　　琪　著
文學與藝術八論　　　　　　　　　　　　　劉　紀　蕙　著

法學叢書書目

程序法之研究（一）　　　　　　　　　　　陳　計　男　著
程序法之研究（二）　　　　　　　　　　　陳　計　男　著
財產法專題研究　　　　　　　　　　　　　陳　哲　勝　著

圖書資訊學叢書書目

美國國會圖書館主題編目　　　　　陳麥麟屛、林國強　著
圖書資訊組織原理　　　　　　　　　　　　何　光　國　著
圖書資訊學導論　　　　　　　　　　　　　周　寧　森　著
文獻計量學導論　　　　　　　　　　　　　何　光　國　著
圖書館館際合作與資訊網之建設　　　　　　林　孟　眞　著
圖書館與當代資訊科技　　　　　　　　　　景　懿　頻　著
圖書館之管理與組織　　　　　　　　　　　李　華　偉　著
圖書資訊之儲存與檢索　　　　　　　　　　張　庭　國　著
資訊政策　　　　　　　　　　　　　　　　張　鼎　鍾　著
圖書資訊學專業教育　　　　　　　　　　　沈　寶　環　著
法律圖書館　　　　　　　　　　　　　　　夏　道　泰　著

新聞客觀性原理　　　　　　　　　　　　　　　彭　家　發　著
發展的陣痛——兩岸社會問題的比較　　　　　蔡　文　輝　著
尋找資訊社會　　　　　　　　　　　　　　　　汪　　琪　著
文學與藝術八論　　　　　　　　　　　　　　　劉　紀　蕙　著

法學叢書書目

程序法之研究（一）　　　　　　　　　　　　　陳　計　男　著
程序法之研究（二）　　　　　　　　　　　　　陳　計　男　著
財產法專題研究　　　　　　　　　　　　　　　陳　哲　勝　著

圖書資訊學叢書書目

美國國會圖書館主題編目　　　　陳麥麟屏、林國強　著
圖書資訊組織原理　　　　　　　　　　何　光　國　著
圖書資訊學導論　　　　　　　　　　　周　寧　森　著
文獻計量學導論　　　　　　　　　　　何　光　國　著
圖書館館際合作與資訊網之建設　　　林　孟　眞　著
圖書館與當代資訊科技　　　　　　　　景　懿　頻　著
圖書館之管理與組織　　　　　　　　　李　華　偉　著
圖書資訊之儲存與檢索　　　　　　　　張　庭　國　著
資訊政策　　　　　　　　　　　　　　張　鼎　鍾　著
圖書資訊學專業教育　　　　　　　　　沈　寶　環　著
法律圖書館　　　　　　　　　　　　　夏　道　泰　著

三民大專用書書目——教育

書名	作者		服務單位
教育哲學	賈馥茗	著	臺灣師大
教育哲學	葉學志	著	彰化教院
教育原理	賈馥茗	著	臺灣師大
教育計畫	林文達	著	政治大學
普通教學法	方炳林	著	臺灣師大
各國教育制度	雷國鼎	著	臺灣師大
清末留學教育	瞿立鶴	著	
教育心理學	溫世頌	著	傑克遜州立大學
教育心理學	胡秉正	著	政治大學
教育社會學	陳奎憙	著	臺灣師大
教育行政學	林文達	著	政治大學
教育行政原理	黃昆輝	主譯	內政部
教育經濟學	蓋浙生	著	臺灣師大
教育經濟學	林文達	著	政治大學
教育財政學	林文達	著	政治大學
工業教育學	袁立錕	著	彰化師大
技術職業教育行政與視導	張天津	著	臺北技術學院校長
技職教育測量與評鑑	李大偉	著	臺灣師大
高科技與技職教育	楊啓棟	著	臺灣師大
工業職業技術教育	陳昭雄	著	臺灣師大
技術職業教育教學法	陳昭雄	著	臺灣師大
技術職業教育辭典	楊朝祥	編著	臺灣師大
技術職業教育理論與實務	楊朝祥	著	臺灣師大
工業安全衛生	羅文基	著	高雄師大
人力發展理論與實施	彭台臨	著	臺灣師大
職業教育師資培育	周談輝	著	臺灣師大
家庭教育	張振宇	著	淡江大學
教育與人生	李建興	著	臺灣師大
教育即奉獻	劉真	著	臺灣師大
人文教育十二講	陳立夫等	著	國策顧問
當代教育思潮	徐南號	著	臺灣大學
西洋教育思想史	林玉体	著	臺灣師大
心理與教育統計學	余民寧	著	政治大學
教育理念與教育問題	李錫津	著	松山商職校長
比較國民教育	雷國鼎	著	臺灣師大

三民大專用書書目——社會

社會學（增訂版）	蔡　文　輝　著	印第安那州立大學
社會學	龍　冠　海　著	臺　灣　大　學
社會學	張　華　葆主編	東　海　大　學
社會學理論	蔡　文　輝　著	印第安那州立大學
社會學理論	陳　秉　璋　著	政　治　大　學
社會學概要	張　曉　春等著	臺　灣　大　學
社會心理學	劉　安　彥　著	傑克遜州立大學
社會心理學（增訂新版）	張　華　葆　著	東　海　大　學
社會心理學	趙　淑　賢　著	安　柏　拉　校　區
社會心理學理論	張　華　葆　著	東　海　大　學
政治社會學	陳　秉　璋　著	政　治　大　學
醫療社會學	藍采風、廖榮利　著	臺　灣　大　學
組織社會學	張　笠　雲　著	臺　灣　大　學
人口遷移	廖　正　宏　著	臺　灣　大　學
社區原理	蔡　宏　進　著	臺　灣　大　學
鄉村社會學	蔡　宏　進　著	臺　灣　大　學
人口教育	孫　得　雄編著	研　考　會
社會階層化與社會流動	許　嘉　猷　著	臺　灣　大　學
社會階層	張　華　葆　著	東　海　大　學
西洋社會思想史	龍冠海、張承漢　著	臺　灣　大　學
中國社會思想史（上）（下）	張　承　漢　著	臺　灣　大　學
社會變遷	蔡　文　輝　著	印第安那州立大學
社會政策與社會行政	陳　國　鈞　著	中　興　大　學
社會福利行政（修訂版）	白　秀　雄　著	台北市政府
社會工作	白　秀　雄　著	台北市政府
社會工作管理——人群服務經營藝術	廖　榮　利　著	臺　灣　大　學
社會工作概要	廖　榮　利　著	臺　灣　大　學
團體工作：理論與技術	林　萬　億　著	臺　灣　大　學
都市社會學理論與應用	龍　冠　海　著	臺　灣　大　學
社會科學概論	薩　孟　武　著	臺　灣　大　學
文化人類學	陳　國　鈞　著	中　興　大　學
一九九一文化評論	龔　鵬　程　編	中　正　大　學
實用國際禮儀	黃　貴　美編著	文　化　大　學
勞工問題	陳　國　鈞　著	中　興　大　學
勞工政策與勞工行政	陳　國　鈞　著	中　興　大　學